GELAOZU DIQU MINJIAN YOUXI HUICUI

◎中央财政支持地方高校发展专项资金资助◎

◎遵义师范学院仡佬族文化研究基地项目◎

仡佬族地区民间游戏荟萃

申健强　王文乔　申利丽　著

民族出版社

图书在版编目(CIP)数据

仡佬族地区民间游戏荟萃/申健强,王文乔,申利丽著.—北京:民族出版社,2012.8

(仡佬族文化研究丛书/周帆主编)

ISBN 978-7-105-12365-0

Ⅰ.①仡… Ⅱ.①申… ②王… ③申… Ⅲ.①仡佬族—游戏—研究—中国 Ⅳ.①G898

中国版本图书馆CIP数据核字(2012)第212781号

策划编辑:姚启星
责任编辑:郎 洁
封面设计:金 晔
出版发行:民族出版社出版发行
地 址:北京市和平里北街14号
邮 编:100013
网 址:http://www.mzcbs.com
印 刷:北京彩云龙印刷有限公司
经 销:各地新华书店经销
版 次:2012年8月第1版 2013年4月北京第2次印刷
开 本:880毫米×1230毫米 1/32 字数:230千字
印 张:9
定 价:28.00元
ISBN 978-7-105-12365-0/G·1845(汉872)

汉文编辑一室电话:010-64271909 发行部电话:010-64224782

总　序

仡佬族是中华民族56个民族中的一员。新中国成立之初人口登记时仅2万余人。20世纪80年代初经民族识别后，至第五次人口普查有57.9万余人，分布在黔、滇、川、渝、桂等省市。其中以贵州省遵义市最多，有道真、务川两个仡佬族苗族自治县，一个遵义县平正仡佬族乡。

所谓仡佬族文化指仡佬族人民千百年来在语言、文学、艺术、习俗、生活和生产方式等方面创造的物质和非物质形式的集合体。仡佬族在历史上虽是一个弱小的民族，但她在艰辛的自然环境和社会环境中，在自己的生产方式和生活方式中，在与他民族相处的关系中，创造了属于自己的、具有鲜明特色的、丰富的民族文化，展示了自我顽强的生命力。仡佬族文化是典型的弱势边缘民族文化，其千百年来虽不断受到冲击甚至压制，至今仍顽强保有自我民族性这一事实，是世界民族文化史上的一个奇迹，发人深省。仡佬族文化研究的意义有三：

第一，有利于发掘，特别是抢救仡佬族物质和非物质文化遗产。作为一个千百年来备受压迫欺凌，不得不隐族埋姓的弱小民族，作为一个千百年来备受强势文化冲击及多民族文化影响、至今却仍具顽强生命力的典型边缘民族文化，其历史上形成的应对强势文化冲击和他民族文化影响的内在机制，对当今弱小民族在全球化背景中如何应对强势文化冲击、发展自我的民族文化，不无一定的借鉴意义；作为一个不少文化现象目前正处于严峻的濒危状态的民族文化，从其自身文化机制中富有生命力的因素入手，探讨如何有效抢救、保护和发展的策略，有助于民族文化的发展，符合十七届六中全会推动社会主义文化大发展大繁荣的精神。从民族的也就是世界的意义看，在全球化的今天，深入系统地研究仡佬族文化，发掘、抢救、保护仡佬族物质和非物质文化遗产是地方民族文化建设的当务之急。

第二，有利于系统深入地把握仡佬族文化。关于仡佬族文化的研究一直受到有关部门和国内外专家的关注。在亚洲从事仡佬族傩文化研究的日本学者有广田律子（《日本传统戏曲与中国民俗艺能之继承关系与运用立体坐标法解释》）、森由利亚（《道真傩文化调查研究》）等。新中国成立后国内出版了不少关于仡佬族历史、经济、文化、教育、语言、习俗等方面的专著。重要的文献有，中国科学院民族研究所贵州少数民族社会历史调查组 20 世纪 60 年代编写的《仡佬族简史简志合编初稿》、《贵州省仡佬族社会历史调查报告》，翁家烈的《仡佬族》，周国炎的《仡佬族母语生态研究》，顾朴光的《中国面具史》，等等。经文献检索，迄今涉及仡佬族研究的论文共有 481 篇。这些研究成果大多虽是描述性的，但它们为进一步的研究奠定了坚实的基础。由于全球化的冲击、社会转型、急剧的经济发展，仡佬族原有的生产方式和生活方式正在发生迅速的变化，许多极富特色的习俗、艺术和文化传统正处于濒临消亡的边缘，因而给进一步的研究既提供了广阔的空间，又提出了新的问题新的要求。

第三，有利于搭建人才培养、教学科研与服务地方文化发展双赢的平台。开展仡佬族历史文化、文学艺术等方面的研究，发掘、抢救仡佬族物质和非物质文化遗产，一是可促进地方经济社会和文化发展；二是可提升教师的教学科研水平，培育高层次科研人才；三是可为人文学科学生提供社会实践基地。作为仡佬族聚居地的地方本科高校遵义师范学院有责任有义务开展此项工作。

研究仡佬族文化，遵义师范学院具有得天独厚的地理和人文环境优势。2009 年，我组建科研团队，主持申报了“中央财政支持地方高等学校专项资金项目——仡佬族文化研究”。2010 年 9 月，该项目获批准立项（黔财教【2010】149 号），在遵义师范学院成立了仡佬族文化研究基地。由民族出版社出版的这套“仡佬族文化研究”丛书就是基地近两年来取得的初步成果。

不容讳言，由于参与研究的成员专业学科不一、理论素养不齐、田野调查和资料收集不够等诸多方面的原因，本套丛书在不少方面并未达到预期的目标。但作为国内第一套“仡佬族文化研究”丛书，毕竟迈出了系统研究仡佬族文化的尝试和探索一步。我相信，在国内有关专家的指正和帮助下，在遵义师范学院“仡佬族文化资源共享平台”建设的基础上，仡佬族文化的研究定会由此迈上一个新的台阶。

周 帆

2012 年 6 月

前　言

仡佬族是以贵州为主要聚居地（居住在贵州省的人口占民族总人口97%以上），遍及中国西南、中南地区的一个古老的土著民族。现有60余万人，主要分布在贵州的务川、道真、石阡、正安、凤岗、思南、仁怀、金沙、织金、黔西、大方、纳雍、清镇、平坝、安顺、普定、六枝、水城等县、市、特区（其中务川、道真仡佬族苗族自治县是中国仅有的仡佬族自治县、遵义县的平正仡佬族乡是中国第一个仡佬族乡）。此外，还有数千人分布在广西壮族自治区的隆林各族自治县、云南文山州的麻栗坡、砚山、广南、富林、马关以及重庆市的古蔺县等。仡佬族人吃苦耐劳，忠勇善战，最早提出了“和合”理念，倡导“仁、义、礼、忠、孝、敬、让”七规。

“蛮王仡佬、开荒辟草”，仡佬族的民族渊源可追溯到远古时代。在长期的生产、生活实践中，仡佬族以其独特的生存方式和对自然万物的不同的感悟，生发出独特而又浓郁的民族文化，并且形成了自己特有的习俗，包括具有鲜明民族特色的游戏活动。挖掘仡佬族传统游戏在教育、旅游、民族文化传承中的价值，对于增强民族认同感、发展地方经济、保护非物质文化遗产都有其重要的意义。

务川仡佬族自治县乃我衣胞之地。我身上流淌着父母的仡佬族血液，虽然离开家乡几十寒暑，然而生长于斯，对其一山一水、一草一木，皆怀有深情厚谊；仡佬情怀，终身难忘。喜遇“中央财政支持地方高等学校专项资金项目——仡佬族文化研究（黔财教【2010】149号）”的立项，作为仡佬族胞的我，欣喜若狂，申请编著仡佬族三个方面的著作，其中“仡佬族游戏”方面获得项目支持，于是组成课题组。儿时的嬉戏玩耍——挤油渣、背反跷板、“瞎子”摸“拐子”、翻搅、斗鸡、踩高跷、牛拱背、打羊战等欢乐场面，历历在目、如同昨天。

课题组成员于2010年5月始，历时两年，一方面深入仡佬族村寨，与仡佬族村民访谈、交流；与仡佬族儿童一道嬉戏玩耍游戏、拍摄，收集第一手资料。另一方面，动员了遵义师范学院学前教育专业08级的学生，利用寒暑假和节假日时间，在仡佬族地区进行田野调查，收集了几百个游戏，经过认真筛选，仔细分析，终于精选出155个游戏。

经过精心策划，本书分为上、下两编，上编为理论篇，主要讲述了“游戏的基本问题”；下编为实践篇，列举了“花样繁多的仡佬族地区民间游戏”。为了做到图文并茂，生动形象，易于模仿，便于操作，在实践篇中将每个游戏以简笔画的形式绘制成图。

在本书的收集、整理、编写过程中，得到了遵义师范学院学前教育专业学生的大力协助，参考和使用了有关资料，在此谨向遵义师范学院学前教育专业学生及这些资料的作者致以诚挚的谢意，由于时间仓促和编者水平有限，书中难免存在不足之处，恳请广大读者给予批评指正。

申健强

2012年3月

目　　录

理论篇

第一编　游戏的基本问题

实践篇

第二编　花样繁多的仡佬族民间游戏

理论篇

第一编　游戏的基本问题

第一章　什么是游戏

游戏是一种极为古老、极为普遍的活动，它的产生甚至比人类文化、比人类历史更久远。动物的玩耍并不是从人类那里学来的，游戏并不受人类文明概念的说明或约束动物也具有游戏行为。但是，迄今为止，还没有一个大家所公认的游戏定义。这是因为游戏虽然人人皆知，易于观察，但它本身比较复杂，是一类行为的总称，包括的范围很广，并且往往呈现出多种特性，游戏就“像一个巧于规避的精灵和我们玩着捉迷藏游戏，躲避着精确的定义”（Vandenberg，1982）。①

面对游戏定义的复杂性，研究者们基本上采取了三种不同的态度或策略来解决这个问题。②

一、毋庸定义法

这种观点认为游戏是一类庞杂的行为，关于游戏的定义我们人类研究了很久，但都没有找到一个公认的界定，所以我们无法对其进行精确的定义，也不需要对其进行精确的定义。要求对游戏下一个精确的定义，是操作主义的主张。操作主义认为，要研究某种现

① 转引自刘焱：《儿童游戏通论》，141 页，北京，北京师范大学出版集团，2008。
② 刘焱：《儿童游戏通论》，142 页，北京，北京师范大学出版集团，2008。

象，首先需要对这一现象下一个大家都认可的定义，通过可操作定义来帮助人们理解这种现象，促进研究的一致性，使具体的实验或测量可被反复验证。但对于游戏来说，无论有多少个研究者花费多长时间进行研究，无论从哪一方面、哪一领域进行研究，到目前为止，还没有一个研究者所下的定义为大家所认同。面对这种情况，有些研究者们对游戏定义的可能性和必要性产生了疑问。他们认为与其花费巨大的精力和时间去寻找一个精确的游戏定义，还不如把时间和精力放在对游戏的其他研究上。因为有无一个精确的游戏定义，并不影响人们对游戏的深入研究，游戏照样在继续发展着。况且，游戏是一种不能下精确定义的行为，游戏很难完全与非游戏或工作分开。例如，真的打闹与闹着玩的打闹，在外形上是很难区分开的，在时间上也很难把它们分开，与其关注游戏与非游戏之间的区别，还不如把重点放在它们之间的联系上。例如把上述打闹行为看成是一个连续的序列体，在某一点上，游戏性的打闹结束，真正的打闹开始；在另一点上，游戏性的打闹又代替了真正的打闹。在我们的实际生活中，也常常会遇到这种情况，一个人在工作的同时也可能带有某种游戏的因素，而在学习记忆单词的时候也可以把学习变成一种游戏，在学习和工作中产生游戏性体验。

持这种观点的人从现实出发，看到了游戏本身的复杂性，以及游戏与非游戏之间的连续性，有利于我们对游戏的认识和理解，但如果由此放弃对游戏定义的探寻和深究，则会只关注表面和个体，最终落入肤浅主义的窠臼。

二、直觉判断法

概念总是抽象的，而概念所描述的对象往往是具体的。直觉判断法主张采用能够直观判断的方法来解决游戏的定义问题。R. J. 马修斯和 W. S. 马修斯提出的游戏范例——个案匹配法，是把游戏看作一组可观察、可分类的行为的总和，依靠观察者之间比较直觉的认同过程，通过一个个具体的游戏类型，来保证观察者之间的高度一致性。这种观点为人们在实际生活中判断游戏的发生提供了新的视角和方法，但是在做出判断之前需要研究者花费较多的时间去收集个案，从而才能建立具体形象的观察参考体系，而且在收集个案的过程中，已经加进去了收集者本身对游戏的判断，具有一定的主观性，由此建立的观察参考体系也因人而异。

三、特征列举法

代表着游戏定义主要解决策略的特征列举法的学者首先不同意不用给游戏下一个定义。他们认为，既然游戏存在了很长的历史时期，比人类的历史还久远，那么应该给它一个大多数研究者都赞同的界定，现在没有这样的一个共识，是因为我们到目前为止还没有找到，但不等于没有这样的界定，可能是我们所用的方法不对而已。用直观判断法会因认识者个体身份和体验的差异而让同一种行为争论不休，这种“公说公有理，婆说婆有理”的局面而让游戏变得更加复杂，经验的判断使很多行为有了不同的个体意义，观察体系的获得因人而不同，这种方法也没有达到对游戏有一个共同界定的目的，所以我们应该尝试用另一种全新的思路来研究游戏的界定。

这种观点其实质是对游戏与非游戏活动的要素特征加以比较，从中提取出那些属于游戏本质的特征，具有这些本质性特征的活动就是游戏，而不具有这些特征的活动就不是游戏，如果只具有部分本质特征的就说明这种活动的游戏性成分不强。这样，当我们在解释游戏是什么的时候，也在否定游戏不是什么。也即是说，游戏是具有某些共同因素的一类行为，我们把这些共同因素找出来，并把它们提炼起来作为构成游戏的标准，那么就可以判断哪些是游戏，哪些不是游戏，所列举的特征越多，就越接近于游戏本身，一种行为是否是游戏就越容易达成一致的看法。

到目前为止，已有许多研究者对游戏的共同要素做过尝试，最有代表性的观点有以下几种：

（一）纽曼的“三内说”

纽曼（Neumann，1971）提出用控制、真实性和动机来判定一种活动是否是游戏。如果一种活动具有内部控制性、内部真实性、内部动机，则毫无疑问属于游戏。如下图所示：

游戏的特征	内部控制	←→	外部控制	非游戏的特征
	内部真实	←→	现　实	
	内部动机	←→	外部动机	

图1-1　纽曼的“三内说”

内部控制就是自己能够对活动进行控制。什么时候去玩、玩什么、怎么玩都由自己做主，什么时候不玩了、突然改变玩法也可自由选择。当然，在大多数情况下，控制不可能是全外控或全内控，没有绝对意义的控制，只是程度不同而已。游戏是自发、自愿、自主的活动，内部控制是游戏的特有的性质。相对来说，工作或学习大多数是外部控制，如为经济所驱使等。

游戏活动与现实生活相比，具有内部真实性。如当一个孩子把一根竹棍当马来骑的时候，他就处于内部真实的状态。此时此刻，在孩子的眼里，棍子就是一匹马，边甩动马鞭子边嘴里发出“驾”、“驾”的声音意味着他“真的”在骑马。这种在旁人眼里看起来是“假”的事情，但在游戏者那里就是一种内部真实。所以游戏的特征是一种虚构或想象即内部真实，与此相对应的是现实生活中真实的事情。

动机可以分为内部动机和外部动机。游戏是由内部动机所支持的行为。当活动由儿童自己控制，有充分的自由决定自己行为时，就会引发主体的内部动机，所以，内部控制与内部动机紧密相连。内部控制会引发内部动机，内部动机是内部控制的结果。

（二）克拉斯诺和佩培拉的四因素说

克拉斯诺（Krasnor）和佩培拉（Pepler）经过长期的研究，找出游戏的共同因素有灵活性、肯定的情感、虚构性和内部动机四个方面。

灵活性（flexibility）：即变化性，游戏可以随时变化其内容和形式。对于儿童来说也是这样。一个正在玩积木的孩子突然会把积木一扔，改为把爸爸的旅游帽一戴，指挥起交通来了。

肯定的情感（positive affect）：游戏中的孩子总是快乐的，专注认真的表情，平和放松的神态，脸上总是挂着笑容，有的时候手舞足蹈，有的时候又放声大笑，这些外部行为表现表明孩子处在肯定的情感中。

虚构性（nonliterality）：与现实生活相比，游戏具有虚构性，游戏情景总带有想象的因素。

内部动机（intrinsic motivation）：指游戏者自发、自愿的行为，孩子自己喜欢，“玩即快乐”，“玩即目的”。

（三）贾维的五特征说

凯瑟琳·贾维（Catherine Garvay）把游戏的基本特征归纳为：

（1）游戏是令人愉快、有趣的活动。

（2）游戏没有外在的目标，玩即目的。

（3）游戏是自发自愿的、非强制性的。

（4）游戏包括对游戏者的积极约束，具有规则性。

（5）游戏与非游戏活动之间有着某种联系，二者不是截然分开的。

（四）开劳斯的六特征说

开劳斯（Roger Caillois）认为游戏具有以下六个特征：

（1）自由：游戏是儿童的自发行为，儿童有充足的自由。

（2）松散：在游戏中的儿童行为比较松散，没有预先设定的精确行为。

（3）易变：游戏的内容和形式具有很大的弹性，没有预设的程序。

（4）非生产性：游戏没有功利性，不创造任何价值，与经济、利益没有关系。

（5）规则性：任何游戏都具有规则，包括外显的规则和内隐的规则，游戏者都要遵守。

（6）虚构性：游戏的情景具有虚构性和想象性，是一种非真实的情况。

从上面各种关于游戏特征的列举可以看出，用二分法来处理游戏与非游戏之间的关系是不全面的，许多非游戏活动可以包含某些游戏因素，而游戏活动也可以因为某些原因而兴趣顿失。所以，把游戏与非游戏之间的关系看作是一个渐变的连续体可能更符合实际。如果一种活动能够满足以上所列的所有特征，则这种活动可被认为是“纯游戏”，只部分具有游戏的特征则可被看作是游戏性差或弱的活动。

据此，我们可以给游戏下这样一个定义：游戏是一种由内部控制引发内部动机的活动，这种活动伴随着积极的情感体验，并具有虚构性和规则性。

第二章　人为什么游戏

虽然游戏的产生历史悠久，但在研究人为什么游戏的问题上，专门的著作或系统的研究却在19世纪下半叶才出现。根据出现的早晚，我们可以把游戏理论分为经典游戏理论和现代游戏理论两种。

一、经典游戏理论

经典游戏理论一般是指早期的游戏理论，出现的时间是18—19世纪末，主要包括以下几种：

（一）剩余精力说

德国著名的诗人、哲学家、思想家席勒（Schiller）和英国的社会学家、心理学家斯宾塞（Spencer）是此学说的主要代表。这种观点认为，游戏是在满足机体基本的生存需要之后，由于体内剩余的精力需要发泄而产生的。无论是动物还是人类，要想游戏首先要保证基本的生存条件得到满足，否则就不能游戏，也不会去游戏。“狮子到了不为饥饿所迫，无需和其他野兽发生搏斗时，它的闲着不用的力量就替自己开辟了一个对象，它使雄壮的吼声响彻沙漠，而它的旺盛的精力就在这无目的的耗费中得到了享受。”① 所以，游戏就是充裕的精力的无目的的消耗。机体剩余精力越多，所进行的游戏就越多，低等动物用于维持生命活动的精力相对需要的多，那么它们剩余的精力就少，故此没有游戏或很少有游戏；高等动物和人类，除了要获取基本的生存需要之外，有相对更多的时间和精力去从事与生存无关的、非功利性的活动，例如游戏。

这种观点把游戏只看成是剩余精力的发泄，当机体暂时没有剩余精力时，就不能游戏，这就轻视了游戏的其他作用，比如社会性发展、健全人格的塑造等方面，也不能很好地解释当儿童即使玩得精疲力竭，也还要游戏的现象。但它毕竟开拓了人们的视野，后继者所提出的许多新的游戏理论都是在这个理论的基础上，通过批判、借鉴中形成、发展的。

（二）复演论

美国心理学家霍尔（Hall）认为，游戏是早期种族活动的遗迹，是远古时代人类祖先的生活在儿童身上复演的结果。不同年龄段的儿童做不同的游戏，复演祖先不同形式的本能活动，例如儿童喜欢爬树、捉蚂蚱、逮蟋蟀，是复演处于动物阶段的人类祖先的活动，我们从小到大玩的游戏就是一个阶段接着一个阶段重演以前祖先的生活。

复演说以拉马克（Lemarck）的遗传学说为基础，看到了人类游戏与动物游戏的联系性，游戏具有阶段性，不同的社会环境游戏内容也不相同；但复演说没有任何的科学依据，也不能解释现代的儿童玩的游戏越来越多地脱离祖先的生活，无论是游戏的方式还是游戏的内容，都变得越来越现代化了。

---

① 北京大学哲学系美学教研室编：《西方美学家论美和美感》，182 页，北京，商务印书馆，1980。

（三）生活准备说

生活准备说也称前练习说，以德国生物学家、心理学家格茹斯（Gross）为代表，认为儿童的游戏是对未来生活的一种准备。动物出世以后，对于与生存有重要关系的不成熟的本能，在实际需要它们之前必须通过游戏的方式加以练习，以便日后使用。他还认为，生物体越复杂，越高级，它的不成熟期就越长，相应地游戏期也就越长。游戏行为是为未来生活做好准备。新生儿或婴儿游戏者，在遗传上也有一些不成熟的或不完善的本能，也需要对这些本能加以练习，所以也需要游戏。

从生物进化的角度来看，儿童的游戏确实具有一定的生物适应机能，近年来动物学、生物学的一些研究也证明了这一点；但如果把游戏单纯地理解为将来成人生活做准备，那么成人的游戏又该如何解释呢？当儿童扮演成想象中的角色，如白雪公主、小矮人时，那又该是为什么做准备的呢？

（四）松弛说

也称为娱乐论。这类观点认为，人之所以游戏不是发泄剩余的精力，而是通过放松来恢复精力，其代表人物是德国哲学家、心理学家拉扎鲁斯（Lazarus）。他认为，为了人类更好的生存，付出艰苦的脑力劳动和体力劳动是正常的，这些劳动常常使人身心疲惫、精疲力竭，需要充分的休息和睡眠来恢复，要想得到充分的休息和睡眠，需要游戏和其他娱乐活动才能得到彻底的放松，彻底的放松才能保证休息好，也才能恢复失去的精力，所以成人需要游戏，成年动物也需要游戏。

松弛说重视游戏的消遣、放松功能，认为游戏具有消除疲劳的作用，这也是当我们工作累时用做游戏来达到放松的目的，更适合解释成人的游戏，却不能解释为什么儿童也需要游戏，并且“成人工作越多越累，越应该做更多的游戏”这种现象与事实也并不符合。

以上四种经典的游戏理论，主要内容归纳如下：

表2－1　经典游戏理论的主要内容

名称	倡导者	主要观点
剩余精力说	席勒、斯宾塞	基本生存需要得到满足后，机体剩余精力的发泄
复演论	霍尔	远古时人类祖先的生活特征在儿童身上的复演
生活准备说	格茹斯	对未来成人生活的一种准备和练习
松弛说	拉扎鲁斯	是身体得到松弛、恢复精力的一种方式

总之，经典游戏理论在人类历史上第一次对游戏是什么作出了解释，为以后的现代游戏理论的发展奠定了理论基础，其中许多观点至今还影响着人们的看法；但由于是在达尔文生物进化论的影响下产生，因而带有浓厚的生物学色彩，它们都是主观思辨的产物，没有坚实的科学依据，研究范围太过局限，只能解释一小部分游戏行为。后人的许多研究正是踏着这些缺陷逐步发展和完善的，这使我们对游戏的了解越来越深入。

二、现代游戏理论

（一）精神分析学派的游戏理论

1. 弗洛伊德的人格构成学说

要了解弗洛伊德的游戏思想，首先需要对他的人格理论进行论述，因为他的游戏思想是以其人格理论为起点的。他认为人格是由“本我（即 it）”、“自我（ego）”和“超我（superego）”三部分组成。“本我”是由一切与生俱来的原始欲望或本能组成，不受道德、法律的约束，而受“唯乐原则”的支配，盲目地追求满足，是“原始的我”。“超我”代表着人的理性或意识，是社会规则的内化，是社会道德要求和行为标准的体现，是“理想的我”。“本我”

和“超我”之间是对立的、矛盾的，“本我”追求一切生理需要的和心理想要的东西，而“超我”总是监督着“本我”的这些欲望和冲动，以符合社会的规则和要求，“自我”是调节平衡两者之间矛盾冲突的机制，在“现实原则”的指导下，试图既获得满足又避免痛苦，所以是“现实的我”。当“自我”长期调节不好“本我”和“超我”之间的矛盾时，人格要么就会因“本我”压抑过分而分裂，要么就会因“本我”追求满足而犯罪，所以，“自我”担负着很重要的作用，个体人格健全发展的重要任务就是建立和形成健康的“自我”。

“自我”需要协调和解决“本我”和“超我”之间的矛盾，其中一个最有效的途径就是游戏，在游戏中“自我”可以很好地解决“本我”和“超我”之间的矛盾而得到良好的发展。因为游戏为人格发展提供了一个特殊的情景，在这个特殊的情景中，儿童可以在游戏中寻求现实中不能实现的愿望的满足，从而能够很好地调整“本我”与“超我”的矛盾与冲突，起到发展健全人格的作用。例如，一个想快快长大，做成人所做的事情的孩子，在现实中不可能得以实现，在游戏中就可以通过扮演爸爸、妈妈而得到实现。游戏能够实现现实生活中所不能实现的冲动与欲望，使心理得到补偿和满足。如果妈妈不允许我们吃过多的方便面，那么我们可以在游戏中尽情地“吃方便面”。游戏作为一种虚构或想象的活动，能够部分与现实分离，可以使儿童以自己的方式来处理现实生活中那些超出他们能力而不能做的、然而对于他们又具有特殊意义的事情，游戏因而成为早期人格建构过程的重要组成部分，自我与想象也构成了密不可分的关系。所以，游戏对儿童人格的发展至关重要。我们不能剥夺儿童的游戏权利，也不能控制儿童的游戏内容。

弗洛伊德对于人格与游戏的看法，奠定了整个精神分析学派的基石。20 世纪以后的游戏理论很少没有受到他的影响。他强调早期经验对成年以后健康生活的重要意义，强调游戏对于心理健康的作用，使游戏越来越受到人们的重视；现代游戏治疗技术的发展也可以直接追溯到他的理论。

2. 埃里克森的掌握理论

埃里克森基本上接受了弗洛伊德的人格构成学说，但在侧重点上有所不同。弗洛伊德认为“自我”是消极的、被动的，它受“本我”和“超我”双重的“压迫”，是二者的奴仆，没有主动权；埃里克森却认为，“自我”是积极主动的因素，它运用自己“娴熟地本领”灵活地调节“本我”和“超我”之间的矛盾，游戏可以帮助“自我”进行协调和整合，因为游戏可以创造一种“虚构的情景”，在其中可以干任何想干的事情，所以，游戏为人格的发展做出了“巨大的贡献”。

埃里克森把人格的发展划分为8个阶段，每一个阶段都有自己特定的发展任务，如果这个阶段的任务解决得好，就会形成理想的人格；如果解决得不好，则会形成与之相反的另一种人格，游戏者的儿童不断进入掌握的新的阶段。

弗洛伊德与埃里克森的人格发展阶段如下表所示：①

表2－2　弗洛伊德与埃里克森的人格发展阶段比较

年龄	弗洛伊德的发展阶段	埃里克森的发展阶段	游戏形式
0~1.5岁	口唇期	信任对不信任	亲子游戏
1.5~3岁	肛门期	自主性对羞怯、疑虑	练习性游戏
3~6岁	阴茎期	主动性对内疚	角色扮演游戏
6~11岁	潜伏期	勤奋对自卑	规则游戏
青春期	生殖器期	同一性对角色混乱	

① 邱学青：《学前儿童游戏》，52页，南京，江苏教育出版社，2008。其中“游戏形式”有变动。

续表

年龄	弗洛伊德的发展阶段	埃里克森的发展阶段	游戏形式
青年期		亲密对孤独	
成年期		繁殖对停滞	
老年期		自我整合对失望	

埃里克森在理论上继承和发展了弗洛伊德关于游戏的思想，并且对人格发展阶段的论述更为详细和深入，在研究方法上也有所创新，不仅采用精神分析的方法，还运用了数据统计的方法，使其研究更加科学与严密。

3. 对精神分析学派的评价

精神分析学派发端于精神病学，其创始人弗洛伊德是一位精神病医生，所以该学派带有明显的临床诊断的色彩，比较重视的是个案研究，其结论缺乏普遍性；并过分强调“性”的作用，在分析时没有一套科学而又统一的标准，使得解释原因时带有很大的主观臆断性；其内容过分注重个体的生物性而忽略了人的社会性发展。尽管如此，以弗洛伊德和埃里克森为代表的精神分析学派游戏理论对后世游戏理论的研究影响是很大的，他们提出的人格构成学说，强调早期经验对成人健康生活的重要性，强调游戏对人格健全发展、心理健康的重要价值，由此引起人们对儿童早期生活的重视，对游戏在教育儿童中的作用的重视等，都是我们值得借鉴和学习的。另外，游戏治疗技术也对现代许多精神病患者起到了积极的治疗作用。

（二）认知发展学派的游戏理论

发生认识论的创始人皮亚杰（J. Piaget）认为许多游戏理论不能正确地解释游戏这一现象，是因为这些游戏理论都只把游戏看作是一种孤立的活动。实际上，游戏只是我们思维活动的一种表现形式，思维的发展离不开认知的发展，所以游戏也是我们智力发展的一个方面，我们要研究游戏，应该把它放在智力发展的大背景下去考察，才能找到正确的答案。所以，可以认为皮亚杰的游戏理论是他认知发展理论的一个重要组成部分。

1. 游戏的本质

皮亚杰认为，人在认识周围世界时都会形成自己独特的认知结构，即图式。同化和顺应是机体与环境相互作用的两种基本方式。所谓同化是指把环境纳入到有机体已有的图式中去，而顺应是指改变已有的图式以适应新的环境。同化和顺应之间的协调与平衡就是智力活动的基本特征。儿童早期，同化与顺应之间不平衡，当同化大于顺应时，主体只为满足自身的需要而不会考虑事物的客观属性；当顺应大于同化时，表现为主体模仿客体的动作。在游戏时，儿童并不以学习新的认知结构为目的（顺应），而是努力把自己已有的知识经验运用到当前存在的结构中去（同化），所以说游戏的本质就是同化超过了顺应。

2. 儿童游戏的发展阶段

游戏为儿童提供了一个为巩固他们所获得的新的认知结构及发展他们情感的机会，这也是儿童为什么要进行游戏的原因所在。根据儿童认知发展的阶段，皮亚杰把儿童游戏划分为三个发展阶段，如表所示：

表 2-3　皮亚杰的认知发展阶段与游戏类型

年龄	认知发展阶段	儿童游戏发展阶段
0~2 岁	感知运动阶段	练习性游戏
2~7 岁	前运算阶段	象征性游戏
7~12 岁	具体运算阶段	规则游戏

（1）练习性游戏（0~2 岁）

在感知运动阶段，儿童依靠感知和动作的协调来认识外部世界和解决问题，这时的游戏只是重复简单的动作来获得“机能性快乐”。游戏本身的动作就是孩子游戏的内驱力，“动”即快乐。例如，8个月大的孩子每次都会对妈妈捂住脸又放开的这个重复动作笑个不停。

（2）象征性游戏（2～7岁）

象征性游戏也称为假装游戏、假想游戏，是2岁后出现的主要的游戏类型，也是游戏者游戏的典型形式。所谓象征性游戏是指当真实物不在眼前时，用其他事物来代替的活动。在象征性游戏中，同化超过了顺应，这是因为对于儿童来说，象征物不管熟悉与否，与被象征物之间相似与否，都不是儿童所关注的重点，儿童感兴趣的是被象征物以及相应的动作。比如，一个游戏者把一根长棍子放在两条腿之间当作马来骑。在这里，棍子用来代表马，是象征物，两腿夹着棍子跑当作骑马作为被象征物，游戏者对棍子本身并不感兴趣，他感兴趣的是骑马的动作，象征物（棍子）是被同化在被象征物（马）中去的，所以是同化占优势，棍子仅仅是一种代替物，它们之间并没有直接的联系，也没有丝毫的相同之处。

（3）规则游戏（7～12岁）

规则游戏主要发生在学龄期，是具体运算阶段儿童游戏的典型形式。规则在游戏中成为中心，儿童遵守规则，并按规则进行游戏，如下棋、打牌等，在游戏中发展规则意识。

3. 游戏与认知发展的关系

皮亚杰认为，游戏与儿童的认知发展有着极其密切的关系。游戏是认知发展的一部分，被认知发展的水平所决定，有什么样的认知发展水平，就有什么水平的游戏，游戏主要起到一种练习的作用：当认知发展到一个较高水平时，它的机能最初是不成熟的，通过游戏可以使它成熟起来。例如，当孩子第一次发现可以把积木堆得很高时，他就会在接下来的两三个小时里，不断练习把积木堆高，直到很熟练为止。认知水平决定着游戏发展的水平，因此，皮亚杰眼中的游戏是被动的、消极的，它只受认知发展的制约。

4. 对认知发展学派的评价

在人类历史上，皮亚杰第一次从认知发展的角度来研究儿童游戏，开创了考察儿童游戏的崭新的途径，极大地丰富了人们对于游戏的认知发展价值的认识，他研究的终点成为后人进一步研究的起点，从他以后，学前游戏领域开始注重把游戏与智力发展结合起来，在关注游戏的同时，也注意促进儿童在智力、身体、情感等方面的全面发展。他重视活动的重要性，认为儿童只有在与环境的相互作用中才能获得发展，但他只是把游戏看成是认知活动的衍生物，强调智力对游戏的单向性影响，而没有看到游戏对智力发展的积极作用，也低估了游戏的功能。尽管如此，皮亚杰的游戏理论极大地促进了后世对儿童游戏的深入研究。

（三）社会文化历史学派的游戏理论

社会文化历史学派也称维列鲁学派，是苏联最主要的心理学派别，代表人物有维果茨基、列昂节夫、鲁宾斯坦、艾利康宁等。

1. 儿童游戏的基本观点

（1）强调游戏是学前儿童的主导性活动。

（2）强调游戏的社会性本质，反对本能论。

社会文化历史学派认为："儿童的游戏，无论就其内容或结构来说，都根本不同于幼小动物的游戏，它具有社会历史的起源，而不是生物学的起源，社会形成和推行游戏的目的，是教育和培养儿童参加未来的劳动活动。"①

（3）强调成人的教育作用

"为了使儿童掌握游戏的方法，成年人的干预是必要的。必须

① ［苏］查包洛塞兹、马尔科娃编，李子卓等译：《学前教育学原理》，248 页，北京，人民教育出版社，1984。

在一定的年龄阶段上教儿童学习怎样做游戏。”①

（4）认为游戏是一种有目的、有计划的活动

在成人对游戏的指导和干预下，游戏必然会成为一种在成人影响下的有目的、有计划的活动。在成人的精心准备下，游戏怎么开始，怎么进行，过程中玩些什么，持续多长时间，孩子们锻炼了什么，发展了哪一方面的能力等，成人都做了预测，当然游戏最终能达到什么样的效果也是成人早就了然了的。儿童年龄还小，他们不会知道什么游戏能促进哪些方面的发展，一切由成人（老师或家长）做好准备。

2. 维果茨基的游戏理论

（1）游戏的发生

儿童游戏是在什么情况下发生的？维果茨基认为当在发展过程中出现了大量的、超出儿童实际能力的、不能立即实现的愿望时，游戏就发生了。3 岁前的孩子，当想要某件物品时，通常是必须立即得到满足，否则就会大声哭闹、发脾气；3 岁后，当出现愿望和需要不能立即得到满足时，那种想得到的倾向会持续一段时间，渴望立即满足的愿望变成一种情感诱因，使不能得到满足的愿望以一种想象的、虚幻的方式实现，游戏就为愿望的满足应运而生了。所以，维果茨基认为游戏的实质就是愿望的满足。

（2）游戏创造了儿童的最近发展区

维果茨基认为，游戏可以促进游戏者表征思维能力的发展；可以促进游戏者意志行动的发展；并且游戏创造了儿童的最近发展区。所谓“最近发展区”是指儿童现有的发展水平与通过成人的帮助和自己的努力达到的另一种水平之间的区域。

例如，在实际生活中，游戏者不能控制自己的“直接冲动”，

① ［苏］查包洛塞兹、马尔科娃编，李子卓等译：《学前教育学原理》，248 页，北京，人民教育出版社，1984。

但扮演角色游戏却可以使游戏者成功地实现了对于自己直接冲动的控制。在这种情况下，游戏创造了最近发展区，儿童从中了解很多表现在未来将变成他真实的行动和道德的基本层次。

3. 对社会文化历史学派的评价

社会文化历史学派的游戏理论不仅在理论上探讨了儿童游戏发生发展的现象和规律，还注重把研究成果运用到实际活动中，把游戏与教育有机地结合起来；主张用游戏来组织儿童的一日生活，通过游戏把教育、劳动相互联系起来，并赋予游戏以重要的认知价值，这一点与皮亚杰的研究结论不谋而合，这些都极大地促进了游戏的发展。但是社会文化历史学派过于强调成人对游戏的影响，由此导致了许多教师“控制”儿童游戏的现象不时发生；过于强调角色游戏的价值而忽略了对其他类型的游戏的研究；过于重视游戏的社会价值而忽视了儿童自己在游戏中主观能动性的发挥。虽然如此，社会文化历史学派在 20 世纪 80 年代以后得到了越来越多的人的认同。

第三章　游戏的特点、功能及种类

一、游戏的特点

心理学家认为，游戏是一种适合儿童身心发展特点的独特的活动，是促进儿童身心得到健康发展的活动方式。游戏对儿童身心发展的重大作用是其他任何活动所不可替代的，原因就在于游戏具有以下的特点：

第一，游戏是一种社会性活动，是一种对社会活动的模拟形式，反映了儿童周围的社会生活。儿童根据他们对现实生活的理解，按照自己的愿望，将生活内容有目的、有意识、创造性地反映在游戏中。例如，角色游戏“过家家”、“开飞机”等，结构游戏“搭房子”等，都是对儿童周围现实的社会生活的反映，都是以儿童在社会生活中经历过的某些事物为素材的。而且，这些游戏规则也总是反映社会生活的实际要求。只不过，儿童并不总是原原本本地“复制”生活，而是有创造性地反映现实生活。

第二，游戏是现实生活与想象的独特结合，但不是现实生活的简单翻版。儿童在游戏中既可以从事自己向往的各种活动，又不受真实生活中的条件和规律的限制。因此，儿童在游戏中既可以充分展开想象的翅膀，又能真实地再现和体验成人生活中的感受和人际关系。游戏中的想象具体表现在三个方面：角色扮演——以人代人，一人多重身份（如在“商店”的游戏中，儿童把自己装扮成“顾客”或“售货员”）；对物品的假想——以物代物，一物多用（如在“开火车”游戏中，儿童把长凳当“车厢”，把靠背椅当“车头”；而在“小吃店”游戏中，儿童就可能把长凳当“饭桌”，把靠背椅当“椅子”）；对游戏情节和行为方式的假想——取材于生活而表现形式异于生活（如在“娃娃家”的游戏中，儿童虽没亲眼见过喂娃娃吃饭的情节，但他们可以想象出如何喂娃娃，包括如何做饭、盛饭、洗碗等）。

第三，游戏是儿童主动自愿参与的活动，儿童能够在游戏中获得兴趣性体验。游戏不像学习那样具有强制性和义务性，也不像劳动那样要创造财富，而是与儿童自己的兴趣相联系。儿童在游戏中相当放松和愉快，因此游戏很受儿童喜爱。由于儿童对游戏有着强烈的直接兴趣，沉湎于游戏过程而不追求什么明确的目的，没有心理压力和负担，所耗的精力也较少，因此在游戏中总带有愉悦的情绪体验。人类在游戏中能够获得一定的兴趣性体验，这是游戏的原本意义，如果儿童在游戏时，并不是由于自己的直接兴趣，那么游戏便失去了它原本的意义。

二、游戏的功能

迄今为止，人们已进行了大量有关游戏功能的研究。游戏是促进儿童发展最有效的手段，游戏可以促进儿童身体、认知、社会性、情绪情感等方面的发展。

（一）游戏与儿童身体的发展

身体的健康是儿童全面发展的基础。年龄越小，身体对心理发展的影响就越明显。人身体的发展包括以下三个方面：一是人体各器官的生长发育，包括形态结构与生理功能的发展变化，最重要和常用的指标有身高、体重、肺活量、脉搏、血压、握力和背肌力等；二是运动能力的发展，包括对肌肉的控制力、身体的平衡力、动作的协调、灵敏性等，如追逐、攀登、投掷等动作；三是适应能力，包括机体对外界环境变化的适应能力、机体对各种疾病的抵抗能力、病愈后的恢复能力等。

游戏是儿童自发的动作练习，它提供了多种运动形式的练习和多种运动技巧的学习。童年时期，是身体生长发育的关键时期，在游戏中蹦蹦跳跳，让儿童身体的各种器官得到锻炼，特别是户外体育游戏，有运动量大的活动，也有运动量小的活动，有全身运动，也有局部运动。可以根据不同儿童的身体状况、个人的需要进行集体和自由活动。这些活动促进了孩子骨骼肌肉的成熟发展，锻炼他们平衡、持久、协调等各方面的能力和运动的技巧，也有利于内脏和神经系统的发育。游戏活动中借助的材料随之不断的复杂，能促进儿童手眼协调、脚眼协调能力的发展。同时，在户外进行的游戏活动，可以使儿童多接触新鲜空气和阳光，从而提高儿童适应外界环境的能力和抗疾病能力，增进儿童的健康。

（二）游戏与儿童认知的发展

游戏是儿童认知发展的动力，是儿童获取社会经验的一种独特的方式。在游戏中，主体儿童与客体、他人、环境相互作用，借助于不断发展的语言为中介，自由地进行各种模仿、操作与探索，满足着他们探求外部世界的好奇心与求知欲。例如，在一次中班科学游戏活动中，教师通过《手捧空花盆的孩子》的故事，引发儿童认识种子发芽的活动，教师事先准备了各种种子，并请孩子们观察种子，观察后，教师和孩子们一起动手将一半的种子煮熟，并分别将煮熟和没煮的种子种植在不同的花盆中，请儿童大胆预测并做好记录，通过一周的观察，没煮的种子发芽了，煮熟的种子没有发芽。孩子们在亲自操作、观察中加强了对故事内容的理解及对不同性质种子的认知，并且了解到种子发芽的过程。在游戏的过程中促进了认知能力的发展，同时也增进了游戏者对自然科学领域的探索欲望。在游戏中，儿童产生新的体验，开始理解所处的世界。游戏为儿童提供了理解自己、别人和环境的机会，是儿童学习认知各种情感的重要途径。在游戏中儿童还可以积极体验交往中的矛盾，并着力解决内部矛盾，在完成认知任务的同时，也让儿童获得成就感，形成自信心。游戏也提供了那些为形成未来的学习能力所需要的经验、信息和技能。

儿童在相互接触中，产生了交流的迫切要求。游戏中又常常有新的情景和需要，锻炼和丰富了儿童的语言。游戏活动激发了儿童使用和练习自我中心言语，这种言语是思维的外在表现形式，它反映了儿童认知发展的水平和对认知活动情景功能上的要求。实验研究表明：对游戏及语言游戏的指导能促进儿童语言的发展。游戏又提供重复练习语言及同伴互相学习的机会，使游戏者学得有趣和自然。游戏极大地促进了游戏者语言的发展。

对创造力的研究已揭示出，创造力与主动自愿的内部动机、自由民主的气氛、灵活易变的形式有着密切的一致性。这些也正是游戏的特点和性质，游戏与创造力之间有着许多相似之处。自由游戏能促进儿童创造性思维的发展；游戏性质与游戏者创造力有密切关系，扩散性游戏更有利于游戏者创造力的形成和发展；创造性游戏行为与发散性思维和创造性思维有关，且存在性别差异。陈会昌等的实验研究表明：四五岁儿童的一般智力和创造力之间，存在着正相关。进一步证明了创造力与主动自愿的内部动机、自由民主的气氛、浓厚持续的兴趣和探索欲望、灵活易变的形式紧密相连，自由游戏有助于促进儿童创造性思维的发展。

解决问题的能力是指综合运用已有的知识和认知能力，对一个不熟悉的问题情景进行分析，寻求解决办法的心理活动能力，它是认知能力的重要部分。各研究的具体结果不完全相同，但游戏可以提高游戏者解决问题的能力则已达成共识。自主、自由的创造性成分较高的游戏，更能促进儿童解决问题的发散性、多样性，有利于多种途径地解决问题。

（三）游戏与儿童社会性的发展

游戏是帮助儿童对别人形成积极的、关心的态度，形成有效的交往技能的社会化活动。儿童在与别人的相互关系中了解自己。在同伴群体中交朋友、学习合作和解决冲突，表示友好和尊重。首先，游戏能够促进游戏者的社会化，增强游戏者的归属感。通过游戏体验，游戏者学习了轮流、合作、分享、互助。教师应提供给孩子们充分交往的自由空间。孩子们都应拥有充分的选择权：既有选择活动内容的权利，也有选择游戏伙伴的权利，在自由选择的基础上，进一步验证着“合作”、“分享”“互助”等优良品质。其次，游戏能够促进游戏者间和平交往的发展。例如，在游戏的过程中出现的“抢玩具”的现象，教师帮助游戏者学习表达自己，倾听别的游戏者的观点以及和同伴商量谁先玩唯一的玩具等，最终得到解决问题的方法。再次，游戏是意识发展的催化剂。游戏是一种将自我为中心的个体转变成适应社会化需要的个体的途径。自我意识是人社会化的关键。皮亚杰等研究表明，年幼游戏者学习从他人角度看问题有很大的困难，这是由游戏者思维的自我中心特征决定的。但游戏可以帮助游戏者“去自我中心”，逐渐学习从他人的角度看问题。特别是角色游戏对游戏者从他人角度看问题的能力的发展中起着重要的作用。孩子能在角色游戏中把自己当别人（角色）来意识，这时，他既是自己，又是别人，在这种自我与角色的同一守恒中，游戏者有了角色意识，并能根据角色需要去扮演别人，逐步理解别人。最后，游戏促进了同伴交往和亲社会行为。游戏是儿童相互交往的媒介，在游戏中使用玩具，能促进儿童更活跃地交往。游戏中提供的榜样能引起儿童的共享行为。同时，游戏使儿童产生兴趣，使他们进入了新的社交环境，学会如何去应付新的情境。借助游戏，儿童的社会性协作也可达到一个崭新的高度。所以说游戏是促使儿童社会性发展的一条很重要的途径。

（四）游戏与儿童情绪情感的发展

生活在成人社会中的儿童，往往会受到成人不同程度的压制与束缚，容易产生各种形式的情感压力。在游戏中，儿童可以使自己从当前情景的束缚中解放出来，宣泄不良情绪，消除紧张，获得心理平衡与心情的愉悦。在游戏中儿童可以积极主动地活动，没有强制的目标，没有来自外界的压力，儿童以自己的方式毫不畏惧地探索，充分享受成功带来的兴奋、产生积极的情绪。游戏能帮助孩子消除愤怒的心情，是克服情绪紧张的一种手段。在儿童受到挫折和困扰时，游戏可以宣泄儿童的焦虑、害怕、气愤和紧张等情绪，从而减轻或克服不良心理。游戏还能以儿童能接受的情景，再现不愉快的经验，在假扮角色的情况下，儿童消除了紧张、减低了恐惧，从而使心理保持平衡。

随着自我意识和人际关系意识的发展，学前儿童的自豪感、羞愧感、委屈感、友谊感和同情感以及妒忌的情感等发展起来。游戏可以丰富和深化儿童的情感，可以促进儿童情感的发展。游戏是一种积极的情感交往方式，它有利于各种情感类型的产生，是自我表达的通道。

三、游戏的种类

游戏是一类复杂的行为总和，要想更清楚地认识它，就需要对它进行深入地研究。对游戏进行分类研究，可以帮助我们更好地认识游戏，了解游戏的特点，运用游戏独特的作用，使儿童得到更好的发展。对游戏认识的角度不同，依据的标准不同，游戏的分类也就不同。

（一）以游戏教育作用为依据的游戏分类

依据游戏教育作用进行分类，可以将游戏分为创造性游戏（角色游戏、结构游戏、表演游戏）和有规则游戏（体育游戏、音乐游戏、智力游戏）两大类。

1. 角色游戏

儿童以模仿和想象，通过扮演角色，创造性地反映周围生活的一种游戏。例如，孩子自己当司机，开着“车”到处运载顾客。

2. 结构游戏

儿童利用各种不同的结构材料，通过手的创作活动来反映现实生活的游戏。例如，教师带领儿童到动物园参观回来后，几个孩子在一起用各种大型积木搭建了一个有各种动物在内的动物园。

3. 表演游戏

儿童按照儿童文学中（例如故事、童话）的内容，分配角色，安排情节，通过动作、表情、语言、姿势等来进行的游戏。例如，在《小猫钓鱼》的故事中，儿童设定了小猫和猫妈妈这两个角色，进行表演的情节是：小猫钓了一会儿鱼后，就跑出去捉蝴蝶；又钓了一会儿后，就去捉蚂蚱；当看到妈妈钓了许多鱼后，就认真地钓了起来，最后终于钓了一条鱼，高兴的蹦了起来。

4. 体育游戏

以发展儿童基本动作，增强儿童体质，促进儿童身体健康为主的游戏，称为体育游戏。例如，让孩子学青蛙跳在一张一报纸做成的“张荷叶”上，去河对岸捉害虫。

5. 音乐游戏

儿童在音乐或歌曲伴唱下所进行的游戏。例如，在《吹蜡烛》的游戏中，当音乐响起时，游戏者们围着老师所组成的“蜡烛”跑着、跳着，当音乐响到连续音时，就张着嘴巴作“吹”状，老师就要像“蜡烛”一样作东倒西歪状，这样反复进行，孩子们兴趣盎然。

6. 智力游戏

通过生动有趣的形式，使儿童在愉快的情绪中，丰富知识，培养技能，发展智力的游戏。例如，老师和儿童一起猜谜语，老师说出谜面“小小诸葛亮，稳坐中军帐，摆起八卦阵，单捉飞来将。”打一昆虫，让儿童猜出谜底是“蜘蛛”。

（二）以认知发展为依据的游戏分类

以皮亚杰为代表的认知发展学派根据游戏与认知的关系，把游戏分为四种类型。如下表所示：

表3－1　认知发展学派的游戏类型

游戏类型	年龄阶段	认知发展阶段	主要特点
练习性游戏	0～2岁	感知运动阶段	简单、重复的动作组成，以获得生理快感为目的
象征性游戏	2～7岁	前运算阶段	假装
结构游戏	5、6～8、9岁	过渡阶段	象征性游戏和规则游戏的过渡阶段
规则游戏	7～11岁	具体运算阶段	按照既定的规则进行，有竞赛性质

（三）以社会性发展为依据的游戏分类

这种分类以美国学者帕顿的研究为代表，从社会行为发展的角度，把游戏分为以下几种：

1. 偶然的行为或无所事事

儿童行为没有目标，一会儿翻上翻下，一会儿又四处游逛，不知道自己究竟想干什么，这种行为严格来说不属于游戏。

2. 旁观

儿童站着其他正在玩的孩子身旁观看，有时候也提出自己的建议，但并不参加游戏，只是专注地看别人玩。

3. 独自游戏

儿童自己一个人玩，只专注于自己的活动，不去关心别人在玩什么，也没有与别的儿童发生联系。

4. 平行游戏

儿童自己在玩，玩的玩具以及主题同周围儿童所玩的大致相同或相近，但各玩各的，不和周围同伴发生联系。

5. 联合游戏

儿童与同伴一起玩，但仍以自己的兴趣为中心，游戏之间没有明确的分工和合作，也没有共同的主题，而只是因为材料的借入借出、暂时的交谈而发生联系。

6. 合作游戏

几个儿童在一起商量玩的主题，采取分工合作的方式游戏，例如在游戏中谁当“妈妈”、“爸爸”，谁喂“宝宝”吃饭等，最后达到一定的目的，在游戏中还可能有一个游戏的领导者。

（四）以利用的替代物为依据的游戏分类

从儿童在游戏中使用的替代物的变化，可以看出儿童抽象性、概括性的发展。

1. 用与实物相似的替代物

年龄小的儿童思维刚开始带有一定的直觉行动性，他们的思维抽象性、概括性较差，所以游戏所用的替代物在外形与功能上与实物都十分相似。例如，当成人把一辆玩具汽车给一个2岁左右的孩子，要求他把它当做铲子使用时，这个孩子则把汽车放在桌子上推来推去，嘴里说：“不，我不能，这是汽车。”

2. 用与实物相似性较低的替代物

随着年龄的增长，儿童逐渐脱离相似的替代物，而选择一些相似性不大的替代物。例如，小棒可以代替筷子、刀、注射器、擀面杖等。

3. 不依赖于实物（用语言、动作等）的替代

6~7岁的儿童思维发展的更加抽象，在游戏中表现出可以脱离实物，完全依靠语言或动作来替代物品。例如，用斟酒和端杯的动作来代替酒，从而一饮而尽。

（五）以游戏活动对象为依据的游戏分类

加维认为，不同的游戏对象或材料，构成了儿童经验的不同来源和不同等级。根据游戏的对象，游戏可分为以下几种：

1. 以身体运动为材料的游戏

这种游戏是人和动物所共有的游戏形式，主要以自己身体为对象或材料。例如，成人把孩子举上举下，孩子就会咯咯大笑。这是认识世界的最初形式。

2. 以玩具为材料的游戏

玩具的新奇、复杂与可操作性常常吸引儿童去摆弄它，去探索物体的属性、功能和用途等。

3. 以语言为材料的游戏

语言游戏包括儿歌、谜语、绕口令等，可有助于发展儿童的语言，掌握语法结构。

4. 以社会生活为材料的游戏

角色扮演游戏是这种游戏的典型形式，主要内容是反映现实生活。例如，开商店、饭店、医院等。

5. 以规则为材料的游戏

在这种游戏中，儿童受规则的支配，逐渐认识规则，从而遵守规则、改变规则等。

以上五种游戏的分类，依据不同游戏的类型各有不同，用途也各有不同，但以第一种分类最为常用。在实际游戏过程中，这些分类可能同时具有，我们在研究时，不仅应该深入某一类游戏进行纵向研究，还应该跳出来，站着相对较高的高度，从总体的角度进行横向研究。

第四章　仡佬族民间游戏的发展

一、仡佬族的历史演变

仡佬族是以贵州为主要聚居地，遍及中国西南、中南地区的一个古老民族。主要分布在今贵州的务川、道真、石阡、正安、凤岗、思南、仁怀、金沙、织金、黔西、大方、纳雍、清镇、平坝、安顺、普定、六枝、水城等县、市、区（其中务川、道真仡佬族苗族县是中国仅有的仡佬族自治县、遵义县的平正仡佬族乡是中国第一个仡佬族自治乡）。此外，还有数千人分布在广西壮族自治区的隆林各族自治县、云南文山壮族苗族州的麻栗坡、砚山、广南、富林、马关以及重庆市的古蔺县等。仡佬族人吃苦耐劳，忠勇善战，最早提出了“和合”理念，倡导“仁、义、礼、忠、孝、敬、让”七规。

“蛮王仡佬、开荒辟草”，仡佬族的民族渊源可追溯到远古时代。从汉文史籍记载中，可以看出仡佬族的形成大致经历了濮人、僚人、仡佬族三个发展时期。

仡佬先民濮人曾经是中国古代人口众多、支系纷繁、分布辽阔的庞大族群，故有“百濮”之说。早在殷商时期，濮人就活动在西南、中南的广大地域。周武王伐纣，濮人就与庸、微、卢、彭、蜀、羌、髳等部族参加了牧野誓盟，并且以丹砂进贡周王朝。周宣王六年（公元前 822 年），楚国叔堪避难于濮人地区。春秋时期，分布在西南地区的濮人建立了夜郎、牂牁、鳖、鳛等早期邦国。战国时期，牂牁国衰亡，南部为越国所占，北部为夜郎取代。濮人在西南地区除了建立夜郎外，还建立了大莫、且兰、句町以及滇、漏卧等邦国。公元前 221 年，秦统一全国后，把上述濮人地区纳入了象郡、蜀郡、巴郡管辖。汉成帝河平二年（公元前 27 年）夜郎亡，各邦国归附汉，结束了割据状态。

东汉时期，濮人在史书上被称为濮、僚，或濮僚并称。如晋常璩在《华阳国志·南中志》中记为"夷濮"。《后汉书·西南夷传》则记为"夷僚"。《水经·若水注》既有"夷濮"，又有"夷僚"的记载。魏晋以后，濮称消失，以僚专称。《魏书》载："僚者，盖南蛮之别种，自汉中达于邛、笮、川洞之间，所在皆有。"魏郦道元《水经注》载："僚自牂牁北入，所在诸郡，布满山谷。"晋张华《博物志》载："荆州极西南界至蜀诸民曰僚子。"晋郭义恭《广志》载："僚在牂牁、兴古、郁林、交趾、苍梧。"由此可见，僚人是由濮人长期发展而成的，分布遍及今贵州、云南、广西、四川、重庆、湖南等地。

隋、唐时期，僚人经过长期的发展，逐渐形成仡佬族。"仡佬"的名称，最早见于隋黄闵《武陵记》，其后在唐李吉甫《元和郡县志》中也有记载。据北宋陈彭年等修撰的《广韵》解读，"僚"作为部落称谓当读"佬"。说明仡佬是从僚人中演变而来的。宋代欧阳修、宋祁在《新唐书》中称为"葛佬"。朱辅在《溪蛮丛笑》中称为"仡佬"。元代，脱脱在《宋史》中称为"吉僚"。这些称谓虽然繁多，但都是"仡佬"的同音异写。明代的有关著作中，更明确地记载了仡佬与僚人之间的承袭关系。田汝成在《炎徼纪闻》中说："仡佬，一曰僚。"在《行边纪闻》中说："仡佬，一曰仡僚。"《嘉靖图经》中："仡佬，古称僚。"清代，有关仡佬族的记载，在《贵州通志》、《黔南识略》、《黔南职方纪略》等书中均有记载。文献记载的有打牙仡佬、剪头仡佬、雅意仡佬、披袍仡佬、花仡佬、红仡佬、青仡佬、黄仡佬、蓝仡佬、白仡佬、锅圈仡佬、打铁仡佬、水仡佬、土仡佬、木簸仡佬等支系称谓。

中华人民共和国建立以后，经各地仡佬族代表协商，报经国务院批准，在56个民族中确定为仡佬族。新中国成立以来，在仡佬族居住的地区，先后发现了一批旧石器时代和新石器时代的文化遗址。这些考古资料，与仡佬族远古先民的活动有一定的联系。

二、仡佬族民间游戏的发展

仡佬族是贵州世居少数民族之一，居住在贵州省的人口占民族总人口97%以上。在长期的生产、生活实践中，仡佬族以其独特的生存方式和对自然万物的不同的感悟，生发出独特而又浓郁的民族文化，并且形成了自己特有的习俗包括具有鲜明民族特色的游戏活动。挖掘仡佬族传统游戏在教育、旅游、民族文化传承中的价值，对于增强民族认同感、发展地方经济、保护非物质文化遗产都有其重要的意义。

游戏是一类复杂的行为总和，它的产生甚至比人类社会还要古老。在仡佬族地区，民间游戏的发展大致经历了三个阶段。

（一）远古时期仡佬族民间游戏的概况

仡佬族在远古时代的游戏不但体现在日常生活与生产劳动中，更多的是体现在一些大型祭祀活动之中，它们反映了仡佬族先民对生活、对上天的良好祝愿。迄今为止，仍有许多民间游戏反映这段时期的特点。例如，驰名中外的傩戏就集中反映了仡佬族先人借助图腾崇拜和鬼神信仰来达到自己美好的愿望，并辅之以歌舞，成为一种宗教与艺术相结合、酬神与悦人相结合的原始游戏形式。那狰狞的面具，怪异的服饰，凝重的舞动，诘聱的言语，阴森神秘的场景，其中体现的剽悍之美、狂傲之美、刚烈之美、阴柔之美、祥和之美，都让现代人为之震撼。

另外，傩戏还规定了一定的特殊环境，特殊时间才能演出。它的舞蹈中加进了杂技巫术等某些元素，演员人数不等，演出时都戴着奇异古怪的面具，穿着奇异古怪的服装，手持奇异古怪的刀斧道具，有锣、鼓、唢呐伴奏，亦歌亦舞，有唱有白，庄重诙谐，文、武、美、丑相戏其间。既具有神秘感，又具有一定的巫术情节感和原始宗教的虔诚，集中体现了远古时代在生产力不发达的情况下，仡佬人民对未来美好生活的追求。

打褂子舞是仡佬族人另一个有特色的游戏舞蹈，源于仡佬人的狩猎和驱赶野兽保护庄稼的生活实践。其独特之处一是游戏时使用的道具。道具是用坚硬的竹子制作而成的大奖响器，竹器发出的声音节奏轻快、清脆响亮。仡佬族人逢年过节，开展庆典活动，各持一把打褂子，群集一处，开始群舞。打褂子舞的表演，多是在院落场坝，街道广场，是一种大型的前进式集体舞。参加的演员越多越好，几百上千人均可，演员服装鲜艳夺目，场面气势宏大。打褂子舞的节奏打法有若干种：单点打法、复式双点打法、连贯式打法。按音乐节奏，响声长短关系的强拍弱拍，也有强拍和弱拍的均匀交替，2/4 拍、3/4 拍、4/4 拍、5/4 拍等多种节拍的组合方式而进行敲击法。舞蹈演员掌握和融合各种节拍，同时根据拍子分别变换队列。这种集体舞蹈既给人美的享受，又增加了族人之间的感情，体现了仡佬族人极强的团结意识。

比夷枚，汉语译为踩堂舞，也极具特色。比夷枚可分为两类：一是仡佬族早期祭祀祖先的一种仪式。当族人中老一辈过世之时，晚辈们跳起“比夷枚”，表示对老一辈的一种追悼和敬意。二是每年丰收的时候，族人将丰收的果实堆积一处，围着果实跳起“比夷枚”，表示他们的欢乐与喜庆。“比夷枚”实际是通过一系列游戏动作来完成，其形式也是群舞，人越多越好，气氛热烈，赤脚随着慢、中、快的锣鼓、音乐、脚铃节奏踩着地板，发出“笃笃笃”的响声。有时候人们跟着节奏喊“啊”、“咳”、“吼”的衬词增强舞蹈的洒脱豪放。“比夷枚”舞姿以脚踩为主，手姿为辅。当进行时，脚踩声、锣鼓声、音乐声、击掌声、演员的吼声交织一起，热闹非凡，响彻云霄。“比夷枚”在贵州仡佬族居住地区曾经非常流传，清末至民国年代非常盛行。

还有一种儿童游戏叫“请高粱神”。将高粱秸秆，截成3～5厘米长，用2厘米左右的两根小竹扦在高粱秸秆从顶端向下的三分之一处左右对称插进去，两根小竹扦与高粱秸秆分别约成35°夹角，像一个人的双手将泥巴捏成两个小丸，穿在左右两根小竹扦的末端，就成了一个高粱神。过年期间，一些孩子聚在一起请高粱神，每人举着一个高粱神，另截一根10厘米左右的高粱秸秆，拿在左手；右手将高粱神放在高粱秸秆横断面边缘，高粱神即因两泥丸的重量，向前倾斜，又不会落地。请高粱神的人拿着秸秆的下部，两眼紧盯着摇摇晃晃、欲坠不坠的高粱神，随着它倾斜的方向，或上或下，或左或右，调控力的平衡点，穿花似的走来走去。嘴里还有节奏地唱着：“高粱神——请起！高粱神——请起！”大家穿过来，穿过去，十分投入，天真无邪，像他们真的把神请来了，而且捧在手中。旁观的老人们笑逐颜开，喜之不尽。整个场面，好像一幅充满动感的年画。

（二）近代时期仡佬族民间游戏的概况

随着社会的不断进步，仡佬族游戏有了进一步的发展，除了反映仡佬族人生产生活实践以及大型的祭祀外，还出现了一些强身健体的竞技类游戏与智力开发类游戏，表现了仡佬族人的生活的日益丰富。最普遍的竞技类游戏要数打篾鸡蛋了。打篾鸡蛋，又称“鹅蛋包”、“竹绣球”。是仡佬族传统的民间竞技游戏活动之一，一般在农闲时候进行，亦可在春节期间作竞技比赛项目。篾鸡蛋是用篾条穿插编成，大小随意，有空心和实心二种。空心篾鸡蛋在编制中，放进石子或铜钱或碎碗片，然后封编在篾鸡蛋内，玩耍时会发出清脆的响声。实心是篾鸡蛋内塞满棉花或废布、稻草等，有的还将篾鸡蛋染上各种颜色，称为五彩球。据南宋朱辅在《溪蛮丛笑》中记载：仡佬“土俗于岁节数日，人赴野外，男女分两队，各以五色彩囊豆粟往来抛接，名飞紽”。有诗曰：“团团篾蛋太空悬，疾似群星落九天。扣托推搪猿蹑树，拼冲偃仰虎腾渊。全凭智勇争先帜，同向汍澜奋祖鞭。胜固欣然输亦喜，夺标归趁月儿圆。”① 充分表达了仡佬族人机智活泼的性格特点。

顶角力是一种十分简便的传统竞技活动。不管在田间地头或堂屋院坝都可进行。进行时，两人相对平坐于地，双方两脚相抵，两腿蹬直，各自双手握住木棒一头，也可用扁担、竹棍等。然后由旁观者发令，两人同时各自用力往后拉，身体被拉离地面者为输。另外，还有打陀螺、斗高脚马等。

智力开发类游戏主要以走无字棋为代表。在务川民间，尤其在仡佬族聚居地，曾流传着一些古老的无字棋。不管大人小孩只要有人想走棋，马上就地而坐，找一根小棍，在地上画上棋盘，再随地找上几颗大小或颜色不同的石子，嘴中唠叨着咒语或喊着口号就“开战”了。围观助战者听见吆喝声也围成一圈，场面显得十分活跃。这些古老无字的棋，有许多种，例如和尚棋、上天棋、猪蹄叉棋，等等，在走法上各不相同，而且还有故事相传。

1. 和尚棋

传说有一个出家和尚，整天在山上念经，没吃的就下山化缘。有一天，和尚下山化缘空手而归。他灰溜溜回到庙里，坐在地上，用木棍写字度日。他把自己的庙写成“◇”形，在中间写上个“十”字，又在庙下面写个“田”字，又想到很多田，就把一个“田”字分成四个“田”字，并与庙相连。和尚肚子饿得咕咕直

① 徐文仲：《仡佬族打“蔑鸡蛋”传统体育》，123～124 页，载《贵州民族研究》，1982（1）。

叫，无心再写，就在每个“田”字上打个“×”，嘴中叽咕着：看来今天得饿肚皮了。他丢下了木棍，又随地摸了几颗石子在手中。和尚盘脚坐着，手中倒腾着小石子直发呆，有几颗石子从手中掉在地上的图中，和尚眼前一亮，来了精神。他要想办法去智取化缘，不能白要，要让农夫心甘情愿给他粮食。于是他把自己比着一个石子放在庙中的十字路中，把有粮食的农夫比着几个石子摆放在大“田”字四周，把所有的笔画都看成路，可四通八达。和尚设想，自己走一步，农夫走一步，不能在路上一见面就向别人化缘。他想出一个办法，就是只要在一条直路上，同时遇着两个农夫，自己站在中间才能化到缘，而且两边农夫都得给，这一着叫“挑”，农夫不愿给，就要想法子改变路线，关键就看和尚自己怎样走，才能把农夫的子全部“挑”完，只有这样才给斋饭。和尚决定下山试试这个办法。于是他来到一个院子，找到了几家农夫化缘，人家都不给，他就在地上画出自己发明的图形，再找几颗石子，自己取一小节木棍替代，给大家说明各自的走法，谁输了，谁就给粮食。大家一看，这个游戏非常有趣，于是便玩起来。后来民间把这种游戏叫“和尚棋”，也有人称“五马棋”。

2. 上天棋

上天棋比和尚棋更难走，有些地方称“三六九”。传说有三个草寇皇帝，各在东、西、南造反，争霸天下，不断向对方攻击，扩张地域。不知何年何月，三位大王兵分三路对峙于一处大坝之中。地势三面高山环抱，只有北面有大片田原，谁要想北上扩张，必经田原才能通过。三王为减少伤亡，商议用走棋的方法，谁胜谁先走，大家都觉得这方法可行，于是命下人先在自己一方画上一个“王”字，再写上一个“十字”，连接三王中竖为前进路线，另写“田”字，连着“十”字空的一头。再划一“竖”，接“田”字中竖，为上天独路。顶上为“天”字，这就是上天棋盘。

棋盘画定，三王各自用不同颜色或大小石子表示自己，将一子放在“王”字底划。每人规定手握三个或多个石子，用估子方法走棋，每次出石子多少由自己暗定，但必须将石子紧藏手中，握成拳划出，并大声喊出自己的猜数，亮掌确认，谁猜中所出石子的总和，谁为赢，先走步，如遇二人同时说一数，则重来，不得耍赖。如果谁先走到某岔路口，下一次某方赢了，也要走被先占的路口，先占者就必须认输退回原“王”字底划上依次重走。尤其有趣的是石子走到“田”字下边缘中间时，必须先从右至上到左至下。再由中竖直上，一个大迂回，难免不碰对手，往往此时，胜与负的争夺尤为激烈。三位“大王”用走上天棋争天下，只是个传说，但上天棋却留传了下来。

3. 猪蹄叉棋

传说有两弟兄，爹妈死得早，自己又好吃懒做，依靠乞讨度日。一天，讨得猪蹄一个，两弟兄争了起来，平日都是哥哥让弟弟，尽量让弟弟多吃一点。可是哥哥今天不想让，又不能硬争，得想个办法，哥哥在地上画了个“猪蹄叉”的样子，先画一个“门”外框，又在里面打“X”作为棋盘，找来四颗石子，每人二颗，颜色不同，放在“棋盘”的四角。对弟弟说：“我们来走棋，谁把对方的棋子围着走不动了就算赢，猪蹄叉就归他。”结果哥哥输了，但是弟弟还是分了半个猪蹄给哥哥吃。从此以后，两弟兄只要讨到好吃的，就用这个办法分配食物。

（三）当代仡佬族民间游戏的概况

当前，由于仡佬族地区生产力的不断发展，仡佬族人生活水平不断改善，更由于民族大融合的趋势，仡佬族游戏发生了巨大的变化。不仅与其他各族人民的游戏交叉相融，呈现出你中有我，我中有你的局面；而且游戏的种类和内容也更加丰富，其中娱乐类游戏较为普及，较有特色的主要有：

1. 唱花灯

仡佬族的唱花灯有三种不同表演形式。一种是演员扮成唐二、幺妹。唐二持扇，幺妹持帕，二人在锣鼓声中欢跃出场，开始说说唱唱，挥扇舞帕。两人的对唱对跳的形式就像北方的“二人转”，相当灵巧活泼。在高潮时的演出道具增多，唐二一手持扇，一手撑灯，幺妹一手挽帕，一手拿灯，以走“之字拐”路线来回穿梭，有时停顿两步或者双双对看，有着男女传递秋波的情调。第二种表演为大型花灯舞，演员 20～40 不等，男女各一半。花灯集体舞要求全部演员撑灯拿扇，在音乐或者锣鼓声中翩翩起舞，以热情奔放的跳跃动作挥灯舞扇。

2. 打黄花蛇

打黄花蛇是一种民间娱乐活动，在务川及周边地区都很普遍。这种活动方便组织，形式简单，规则新颖，内容生动风趣，男女老幼都很喜欢。务川的打黄花蛇活动，以农闲季节为最活跃，新年期间更是随处可见。参加这种活动的大多数是青少年。这一活动由两部分人组成，一是组成黄花蛇的人，一般七八人，多的时候十多人，领头人为“头子”，最后的人为“尾巴”；一是打黄花蛇的人，只有一人。组成黄花蛇的人站成一路纵队，后面一个拉着前面一个的衣服，一个拉一个不能放手。规则是：打黄花蛇的人只能打“尾巴”（这种打是象征性的打，手挨着就算打着了），不能打“头子”，也不能打其他人。“尾巴”不能和打尾巴的人对抗，只能逃跑，只能接受“头子”的庇护。“头子”可以拦挡、堵截、抓住打尾巴的人，但打尾巴的人不能和“头子”对抗。如果“尾巴”被打着了，打尾巴的人是胜利者，这一轮活动就结束。如果“头子”抓住了打尾巴的人，“头子”就是胜者，这一轮活动也就结束。如果在活动中，或因“头子”没顾及到等原因，“头子”后边有谁放了手，衣服没拉着，脱了节，打尾巴的人就是胜利者。在游戏进行时还需要配上吆喝口号。吆喝分领喊和附和两部分。领喊口号的是打尾巴的人，附和的就是其他人。口号的内容是：

领：黄花蛇！
众：啊啊！
领：菜子花！
众：啊啊！
领：不打头子！
众：啊啊！
领：打尾巴！
众：啊啊啊！

随着这“啊啊啊”三声吼声，打尾巴的人就开始扑向“尾巴”了，“头”，就要拦挡、堵截或抓住他，千方百计护住自己的“尾巴”。同时，还要顾及身后的人会不会“脱节”。打尾巴的人为了打着“尾巴”，有时向左以飞快的速度猛扑，有时又朝右猛扑，有时跑着跑着就突然一个急转弯，向相反方向猛扑。因此，整个活动中每个人的积极性都被充分调动起来，精力高度集中，既锻炼了体质，又可以培养集体观念和团队精神。

3. 板凳龙

板凳龙是用竹篾扎在板凳上的，像一条龙弯曲爬在那里。板凳也是农村常用的板凳，长约 1 米，高 0.4 米，有四条腿。整个龙身是用彩色的金箔纸糊成的，以金黄色为主。板凳的四只脚装饰成龙的四条腿，龙的两只眼睛用两个电灯泡组成，电一开，两道电光直射出来。胡须是用钢丝扎时，玩的人一抖动，两条胡须摇曳不停。板凳上还要绘出其他一些图案，如大海的波浪、天空的云彩。玩板凳龙一般需要三个人。两个人负责前面的两条腿，一个人负责后面的两条腿。还有一人领队。其他玩的人听从领队的号令。板凳龙讲求动作一致，步伐整齐。板凳龙由响器开头，由领队道白。响器有锣、鼓、钹。旁边有若干帮腔的队员，这些队员手提着彩灯，也化着装，脚穿运动鞋，身穿黄色紧身衣服，头扎黄头巾。当春节给人家拜年时，领队大声喊道：

拜年来到贵府门，新春佳节气象新。
大红对子门上贴，高楼吊着大红灯。
大红灯笼高高挂，春满人间福满门。
今年大考揭了榜，贵府少爷中状元。
打马游街门前过，光宗耀祖喜门庭。
报国出力有子弟，九州又有栋梁人。
……

其唱词根据节庆的性质、主人家实际的情况临场发挥，淋漓尽致。主人高兴，马上给板凳龙送“红钱”。如祝寿方面的：

祝寿门前祝寿酒，福如东海百岁人。
王母送来蟠桃宴，龙王送上海中珍。
四方八境都来贺，恭喜堂上老寿星。
……

老寿星一高兴，就喊道：“上酒，上酒。”有些优秀领队，出口成章，随手拈来，琅琅上口，满堂欢喜。

板凳龙很适应于农村的节庆活动，它方便灵活，深受仡佬族人的喜爱。

总之，仡佬族民间游戏种类众多，内容丰富，且散发着独特的文化魅力和艺术品格，在民族大家庭中有着不可替代的位置和作用。

实践篇

第二编　花样繁多的

仡佬族民间游戏

1. 滚铁环

材料准备

铁环一个（圆形，直径约25厘米），底端呈“U”形的细铁棍一个。

游戏规则与玩法（一）

游戏者手持铁棍，推着圆铁环向前飞跑，铁环发出“哗啦哗啦”的金属碰撞声，也可在铁环上扣两三个小环，滚动时更加响亮。可在宽阔的场地玩。谁先到达预定的地点为赢家。

游戏规则与玩法（二）

让4个游戏者组成一组，围成一个圈，按顺时针或逆时针方向进行传递，第一个游戏者把铁环滚起来之后，传递给下一个游戏者，该游戏者用铁棍接住后再滚往下一个人，如此循环下去。使铁环落地者为输家。

游戏规则与玩法（三）

个人活动、集体竞赛皆可，有50米或100米距离跑，有100米障碍滚，例如可设置绕树丛、过独木桥等项目。

游戏的目的和意义

1. 锻炼游戏者快速地走和跑以及手眼协调一致；

2. 引起游戏者对游戏的兴趣，促进民间游戏的发展；

3. 有助于提高身体的平衡性，锻炼四肢协调的能力。

适合年龄段

5 岁以上

安全指数：★★★

运动指数：★★★★★

快乐指数：★★★★

收集者：安倩仪、董登菊、黎瑜莉、韦正虎、田承瑜、马昌琼、刘欢、卢凤菊、唐晋鱼、任永红、张元志、温永涛

滚铁环　绘图：申利丽

2. 转陀螺

材料准备

用坚硬的水青杠圆木削制陀螺一个，成圆锥体，圆锥体要周正，如成扁状，则旋转不持久，尖端钉入铁钉。可以在陀螺上涂上各种颜色，旋转起来十分好看。另用一根半米长左右的木根，一头拴上布带、皮带等，拴绳带长短依陀螺大小而定。

游戏规则与玩法（一）

当地人叫“地都都”。陀螺有大有小。竞赛时，各自先将陀螺用绳带缠绕旋放好，边抽打边让陀螺前进去撞击别人的陀螺，谁的陀螺被撞倒为输。

游戏规则与玩法（二）

在地上划一小圆圈，通过猜拳来决定，谁先将陀螺旋到圈内蹲桩子，让其他的陀螺去撞击。如果圈内陀螺没被击倒，继续进行，如被谁击倒，谁就为赢并将陀螺旋进圈内，继续进行比赛。

游戏规则与玩法（三）

比蹲桩子，看谁的陀螺在不抽打的情况下，同时喊“停”，谁的陀螺定位旋转时间越长，谁就为胜。

转陀螺　绘图：申利丽

游戏的目的和意义

1. 训练游戏者的方向性，锻炼手臂的力量，发展游戏者手腕的灵活性；

2. 培养游戏者身体的敏捷性；

3. 促进民间游戏不断的流传及发展。

适合年龄段

5 岁以上

安全指数：★★★

运动指数：★★★★★

快乐指数：★★★★

收集者：安倩仪、董登菊、唐岚、唐雁丽、曾令娟、任永红

3. 小猫钓鱼

材料准备

小竹竿做成的鱼竿一根，用纸折成的鱼若干，细绳、小钩子各一个。

游戏规则与玩法

用纸画一些小鱼形状并剪掉或折一些小鱼，鱼嘴上面系一个小绳圈，一根小竹竿的一头系一条细绳，绳子的另一头系一个小钩子，游戏者手拿鱼竿开始钓鱼，在相同的时间里，比赛谁钓的鱼多，就算胜利。

游戏的目的和意义

1. 发展游戏者手眼协调能力和手腕的灵活性；

2. 培养游戏者的耐心和意志力。

适合年龄段

4 岁以上

安全指数：★★★★★

运动指数：★★

快乐指数：★★★★

收集者：安倩仪

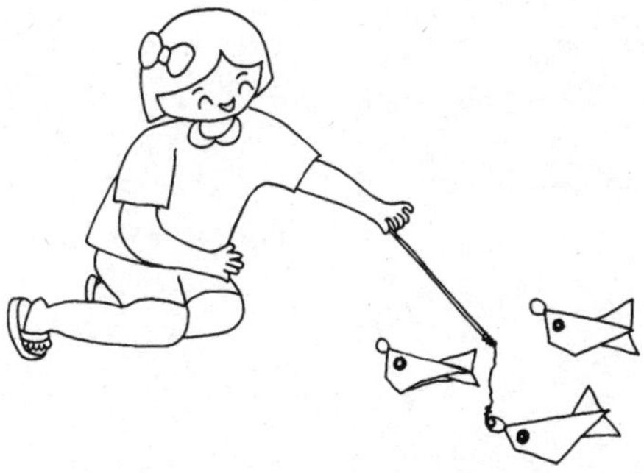

小猫钓鱼　绘图：申利丽

4. 地雷爆炸

材料准备：

开阔场地。

游戏规则与玩法

游戏前猜拳决出一个游戏者为追逐者，其余游戏者为逃跑者。逃跑者可以四散跑，追逐者只要能捉到一个人就算胜利。逃跑者保护自己的办法就是：快被捉住时，可以立即蹲下说“地雷”，追逐者就必须停止追他，另找目标追逐。而“地雷”只能原地不动地蹲着，等其他逃跑而没有被捉到的游戏者来拍一下自己的身体，并喊“爆炸”，才被解救，然后继续作逃跑者。被捉住者为第二轮游戏的追逐者，游戏继续进行。若所有人都叫了“地雷”蹲着，最后一个叫“地雷”的游戏者则输，为第二轮游戏的追逐着。

游戏的目的和意义

1. 锻炼游戏者跑跳能力；
2. 锻炼游戏者的灵敏性和反应能力；
3. 增强游戏者之间团体的游戏能力，加强游戏者之间的交流。

地雷爆炸　绘图：申利丽

适合年龄段

3 岁以上

安全指数：★★★

运动指数：★★★★★

快乐指数：★★★★

收集者：安倩仪、蔡秋菊、吴敏、李雪梅

5. 打水漂

材料准备

较薄的小石头片若干，河边。

游戏规则与玩法

将小石头片往水面撇过去，使小石片在水面上能够向前跳跃几次，从而出现多个水花。石头在水面跳跃次数较多者赢。当游戏者各自的薄石片同时漂过水面，石头跳跃次数一样，远者为胜。

游戏的目的和意义

1. 发展游戏者手臂的力量和腕部用力的技巧；
2. 培养游戏者的竞争精神。

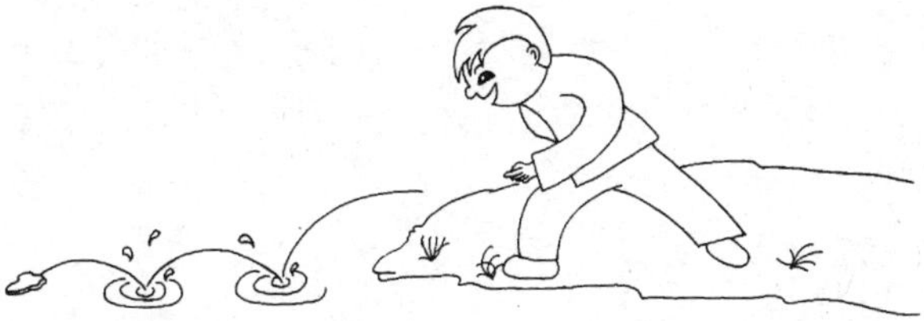

打水漂　绘图：申利丽

适合年龄段

6 岁以上

安全指数：★
运动指数：★★★★
快乐指数：★★★★
收集者：安倩仪、蔡秋菊、龚张明、王蕾、文曼、吴敏

6. 老狼抓人

材料准备

开阔的场地。

游戏规则与玩法（一）

在场地的一角画一个圆形或长方形的“房子”作为小动物们的家，参加者选一人当老狼背对大家，其余人跟在老狼身后扮演各种小动物悄悄前进，游戏开始，众人边问“老狼老狼几点钟?”边向前走，老狼背向大家答话“一点了”，老狼答话时，众人停下不动。当老狼回答“天黑了”后，马上转身追逐，众人回逃，注意灵活躲避，跑回家（画的房子里）的动物不能再追，被捉住者换下一轮做老狼，游戏继续进行。

游戏规则与玩法（二）

规定一个区域，确定“老狼”蹲在地上，其余人用手摸着他的头并围着他转圈，并问：“老狼，老狼，几点钟?”蹲在地上的“老狼”随意回答，直到说出 12 点，所有人开始逃跑，“老狼”在后面追，直到追到另一个游戏者或超出了区域的游戏者为下一轮的老狼，游戏继续进行。

游戏的目的和意义

1. 促进游戏者语言的发展；

2. 让游戏者体验不同的角色，发展游戏者快速的奔跑能力；

3. 增强游戏者的灵敏性和合作能力，加强游戏者之间的交流。

适合年龄段

3 岁以上

安全指数：★★★

运动指数：★★★★

快乐指数：★★★★

收集者：安倩仪、冯静、龚张明、黎瑜莉、马昌琼、李莹银、刘芳、冉恒娥、余丽丽

老狼抓人　绘图：申利丽

7. 挤油渣（挤囡囡）

材料准备

户外较干净的墙壁边。

游戏规则与玩法

3 个以上参加者靠一面墙而立，两边游戏者边念儿歌“挤油渣”，边用力向中间挤动，注意集体协调和有节奏的挤出一人。被挤出的人向两边跑去，再向中间挤，如此往复多次，该游戏特别适于冬天开展。

游戏的目的和意义

1. 锻炼游戏者全身的肌肉；
2. 发展游戏者肩臂部的力量，提高身体的稳定性；
3. 体验集体游戏的快乐。

挤油渣　绘图：申利丽

适合年龄段

6 岁以上

安全指数：★★★

运动指数：★★★★

快乐指数：★★★

收集者：安倩仪、温永涛、文曼、吴敏

8. 背萝卜（背板跷板、炒黄豆）

材料准备

无

游戏规则与玩法（一）

两人一组，背靠背站立，双方挽住彼此的胳膊，边念儿歌“背钉耙，翻萝卜，翻到一个红萝卜。背钉耙，锄萝卜，锄到一个白萝卜”。按节奏边向前弯腰，用臂力和背力背起对方，再放下，轮流进行。背时注意站稳脚跟，被背的人要双脚离地，注意平衡。

游戏规则与玩法（二）

两个游戏者相互背靠背，双方挽住彼此的胳膊，然后边念儿歌：“背板，跷板，乡里娃娃叫唤，麦子长，豆子圆，我们一起蹲下来。”甲游戏者问：“你姓啥？”乙游戏者答：“我姓……”乙游戏者问：“你姓啥？”甲游戏者答：“我姓……”合：“我们一起站起来。”边按节奏轮换相互背起来，再放下。当第四句儿歌念完后两个一起蹲下，互相问答，念完最后一句时，一起站起来，自始至终胳膊相挽。故在游戏时，两个游戏者必须身高、体重、体力相仿，并应注意控制游戏者的运动量。

游戏的目的和意义

1. 促进其大脑和身体的发育；

2. 锻炼游戏者全身的力量；

3. 建立游戏者的信任感和合作能力，培养游戏者之间的友好关系。

适合年龄段

7 岁以上

安全指数：★★

运动指数：★★★★

快乐指数：★★★

收集者：安倩仪、陈沫君

背萝卜　绘图：申利丽

9. 金锁银锁（点豆豆）

材料准备

无

游戏规则与玩法（一）

三个以上的游戏者围成一个圆圈，参加者一人将自己手掌掌心朝下向前伸出，其余游戏者每人伸出一个食指顶住伸掌者的手心，开始念儿歌："小猫、小狗，快快进来，金锁、银锁、咔嚓一锁"，等到念最后一个字时，伸掌者迅速抓握掌心中的食指，伸食指者要尽快逃脱，被抓住者为输。

金锁银锁　绘图：廖王烽

游戏规则与玩法（二）

请一名游戏者蒙上双眼，一只手张开，手心向上，其余游戏者的食指触在蒙眼人手掌中。游戏开始，大家一起念儿歌：“点点豆豆，红豆绿豆，你拿我拿，一抓一大把”，当念到最后一字时，蒙眼人立即合上手掌，其余游戏者则同时将放在蒙眼人手中的手指抽出，谁的手指被捏住，就让蒙眼人猜猜他是谁，如多次（根据参加游戏者多少确定次数，如果人多则可以多猜几次，如果人少则少猜几次。）猜不出，就向大家认输，游戏继续进行；如果蒙眼人猜出，则与猜出者交换角色，游戏继续进行。

游戏的目的和意义

1. 发展游戏者反应的敏捷性；

2. 发展游戏者推断能力、记忆力，增进同伴间的友谊。

适合年龄段

3 岁以上

安全指数：★★★★

运动指数：★★

快乐指数：★★★★

收集者：蔡秋菊、但治飞、雷红远、张丽

10. 清兵捉强盗（警察抓小偷、黑白配抓人）

材料准备：

开阔的场地。

游戏规则与玩法（一）

从游戏者中选出一人当“清兵”（警察），其他的游戏者则是“强盗”（小偷）。“强盗”四散逃窜，“清兵”需要捉住一个人来代替他完成捉强盗的工作游戏才算告一个段落，如此周而复始。

游戏规则与玩法（二）

把游戏者平均分为两组，一组为“清兵”，一组为“强盗”，只能在规定的区域里面追逐，在场地内，分别画两个圈为各自的家。游戏开始，“强盗”出来活动，四散跑开，“清兵”出来捉，把“强盗”全部捉回者为赢，未被捉住的“强盗”如果跑回自己的家，“清兵”就不能再捉了。

游戏的目的和意义

1. 发展游戏者动作的协调性和灵敏性；
2. 训练个体的反应能力，以及团结合作能力。

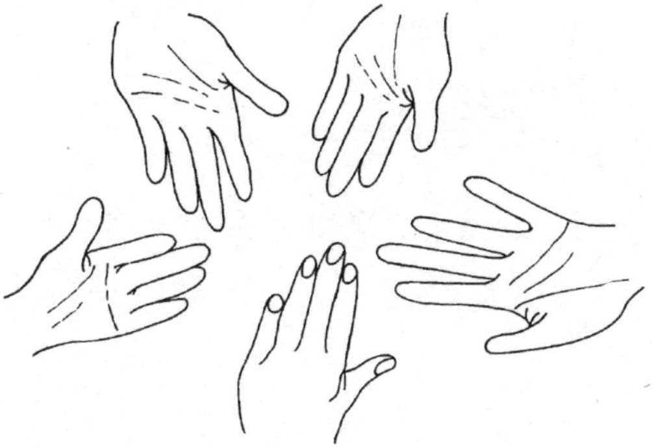

清兵捉强盗　绘图：申利丽

适合年龄段

7 岁以上

安全指数：★★

运动指数：★★★★★

快乐指数：★★★★

收集者：蔡秋菊、李容香、陆谊谊、冉恒娥、卢凤菊、吴锟、任永红

11.“瞎子”摸“拐子”

材料准备

无

“瞎子”摸“拐子”　绘图：申利丽

游戏规则与玩法

在划定的范围内，一人用手帕蒙住眼睛当“瞎子”，一人将左手抓住自己的左小腿当“瘸子”，游戏开始时，“拐子”吹口哨，

其他游戏者在一定范围内四散跑开，“瞎子”听声音去摸“拐子”，“拐子”被摸住，双方对换角色，其他人被摸住就退出游戏，下一轮再玩。

游戏的目的和意义：

1. 训练游戏者反应的灵敏性；
2. 培养游戏者的触摸觉，促进其身心协调发展。

适合年龄段

7 岁以上

安全指数：★★★

运动指数：★★★★

快乐指数：★★★★

收集者：蔡秋菊、李自粉、赵璐

12. 老鼠笼

材料准备

开阔的场地。

游戏规则与玩法

三位游戏者围成一个小圈，作“老鼠笼”，其余游戏者扮“小老鼠”，自由活动。当小老鼠偷偷围在老鼠笼旁，悄悄地问“这个老鼠笼能用吗?”扮老鼠笼的游戏者则大声说“当然能用”，说完，小老鼠四散逃开，老鼠笼打开（三人拉着手成直线），并开始捕捉四散的老鼠。捉到的小老鼠扮演老鼠笼。在游戏时，当听到“当然能用”后，老鼠才能四下散开，老鼠蹲下时，表示已钻洞，这时，老鼠笼就不能再捕捉他了。

游戏的目的和意义

1. 发展游戏者的组织合作能力；

2. 锻炼游戏者的反应能力。

适合年龄段

5 岁以上

安全指数：★★★

运动指数：★★★★★

快乐指数：★★★★

收集者：蔡秋菊

老鼠笼　绘图：申利丽

13. 踢毽子

材料准备

各种毽子。

游戏规则与玩法

踢毽子的花样很多，可以一个一个轮流踢，也可以分成两组打擂台。最简单的玩法就是比赛单腿踢，大家轮流踢，看谁一次踢的个数最多。比较复杂的踢法叫“八接”，不算双脚同时离地的跳跃动作和其他复杂动作，踢毽子的基本动作共有 8 种，即盘、蹦、拐、磕、抹、背、勾、踹。玩得比较多的是“传毽子”和“对角踢”。传毽子就像击鼓传花，按逆时针或顺时针的顺序依次踢给下一个人。对角踢就是位于对角线的人互相传，然后踢给旁边的人，旁边的人再踢给他对角线的玩伴，如此循环。“走毽”即边走边踢，与单独踢毽的要求不一样，需要速度和位置的配合，配合得好才能使运动继续下去。单独踢毽则花样较少，运动量也较小。

游戏的目的和意义

1. 通过抬腿、跳跃、屈体、转身等运动，使身体各部分得到很好的锻炼，可有效训练机体的协调性，提高关节柔韧性和身体灵活性，促进脑部的发育；

2. 踢毽子时由于肌肉不停地收缩运动，使心跳加快、呼吸加深，扩大肺活量，增强相对较弱的心肌力量，使心脏跳动有力，增强血液循环和新陈代谢，提高血液中的高密度脂蛋白，对保护心肺功能大有好处。

适合年龄段

6 岁以上

安全指数：★★★

运动指数：★★★★

快乐指数：★★★★

收集者：蔡秋菊、赖敏、李容香、陆谊谊、冉恒娥

踢毽子　绘图：申利丽

14. 躲猫猫（捉迷藏）

材料准备

房屋、树林、草丛等比较容易隐藏的地方。

游戏规则与玩法（一）

两人或两人以上游戏者进行猜拳决出胜负，负者需用手遮住

眼，叫声“开始”，其余的人各找一个隐蔽的地方藏好，负者必须从一数到一百才能去一一寻找，直到全部被找出来为止。如果当确实无法找到某人时，寻找者可要求对方出声提示一下。当寻找者先找出某一人时，此人可帮助寻找下一个人，以次类推，直到把全部的人找出来为止。

游戏规则与玩法（二）

猜拳决定角色的分配。赢家把信号物（石头、砖块、木头等）扔出去很远，让输家去捡，目的是分散输家注意力，赢得躲藏的机会。输家捡回信号物之后开始去寻找赢家。直到逐个找到躲藏的赢家之后游戏结束。然后开始第二轮游戏。当有些赢家藏得很隐蔽，输家难以找到，这时赢家可以发出响声提示输家，以便输家能够找到赢家。

游戏的目的和意义

1. 此游戏可以培养游戏者的观察能力和反应能力，体验游戏中的乐趣；

2. 环境的复杂度可以考验孩子的耐心，培养孩子的想象力和判断力；

3. 对于5 ~7 岁的游戏者来说可以训练他们的口头数数能力。

适合年龄段

5 岁以上

安全指数：★★★★

运动指数：★★★★

快乐指数：★★★★

收集者：陈波、赖敏、李自粉、温凯、温永涛、张菲、赵璐

躲猫猫　绘图：申利丽

15. 翻搅（翻花绳）

材料准备

一根 2 米长的毛线首尾打结。

游戏规则与玩法

一人双手手指编成一种“花样”；另一个人双手用挑、穿、勾等方式改变原来的“花样”，如“面条”、“牛眼”、“麻花”、“手绢”等。两人相互交替编翻，直到一方不能再编翻下去为止，游戏结束。

游戏的目的和意义

1. 发展游戏者手臂动作、手指的灵活性；

2. 发展游戏者的想象力、创造力和交往合作能力。

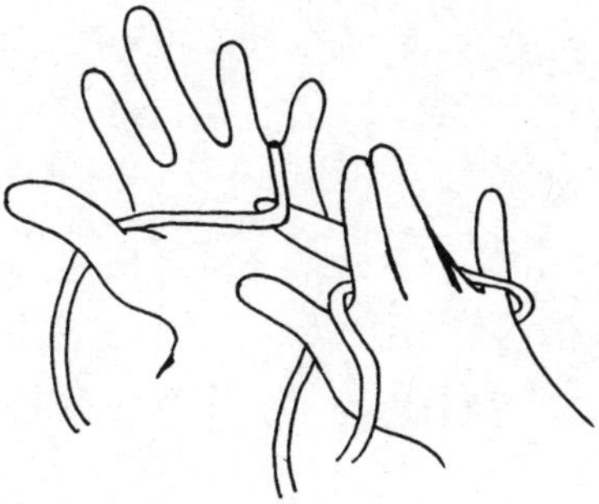

翻搅　绘图：申利丽

适合年龄段

5 岁以上

安全指数：★★★★★

运动指数：★

快乐指数：★★★★

收集者：陈波、董登菊、申利丽、李自粉、司胜万、唐晋鱼、雷红远

16. 跳格子（跳房子）

材料准备

小瓦片一个，一支粉笔。

游戏规则与玩法（一）

用粉笔把游戏的区域一格一格的画出来（六格、八格或十二格自定）成房子型，双脚带着小瓦片从第一纵格开始一格一格的往前跳，瓦片和脚都得越格，也不得压线；中途失败可在下一轮轮到时，从失误格开始往下跳，并且要在线外把小瓦片扔进失误格，再开始跳；不得在方格内停留太久，左边纵格跳完后又从右边开始跳，以次类推，最先将所有的格子跳完者为赢。也可以把双脚跳改为单脚跳。

游戏规则与玩法（二）

首先要“买分”即游戏者背对格子将小瓦片从头顶扔过去，扔到第几个格子就得多少分，如果压线或扔到格子外，则是零分，按分的高低决定游戏者出战的顺序。多角度跳格子，如倒跳、侧着跳等，先跳完所有的格子者为赢。

游戏的目的和意义

1. 发展游戏者的四肢协调、跳跃能力，锻炼腿部肌肉；

2. 多人游戏还可增强游戏者之间的协作和交往能力；

适合年龄段

5 岁以上

安全指数：★★★

运动指数：★★★★★

快乐指数：★★★

收集者：陈波、高纯纯、李雪梅、蒋薇薇、唐正中、田承瑜、韦正虎、温凯、温永涛、吴敏、张丽、赵璐、任永红

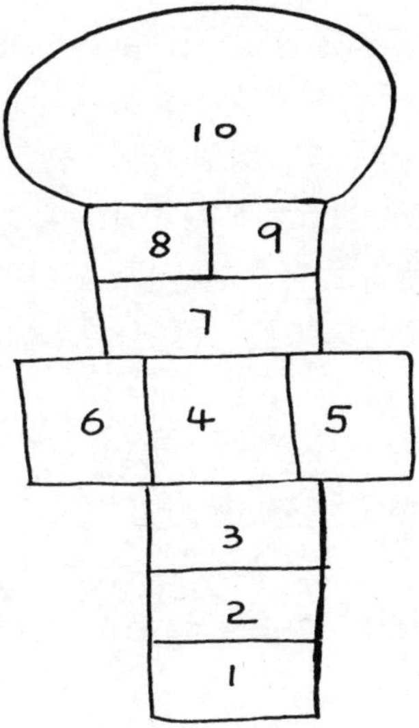

跳格子　绘图：申利丽

17. 丢手绢

材料准备

手绢一条。

游戏规则与玩法

游戏者越多越好，围成一个大圆圈坐在地上，首先选择一个游戏者 A 拿着手绢围着游戏者走或跑，大家一起开始唱儿歌“丢、丢、丢手绢，轻轻地放在游戏者的后面，大家不要告诉他，快点快点捉住他，快点快点捉住他！”游戏者 A 拿着手绢围着大圆圈走，在大家唱儿歌的同时悄悄地把手绢丢在某一个游戏者 B 的身后，立即顺着圆圈跑回自己的位置上，游戏者 B 发现身后有手绢，就要马上抓起手绢去追 A，A 如果没有跑回自己的位置就被 B 追上，则为失败，就要表演节目。如果游戏者 B 没有发现自己身后有手绢，游戏者 A 顺利地跑回了自己的位置，则游戏者 B 就为输，要表演节目。为增加游戏的趣味性，可把一个圆圈改为双圈、三圈、多圈组合。

注意事项

1. 丢手绢的人当走过每个人的身后时，每个人不能偷看背后有没有手绢；

2. 其他的人如果发现手绢丢在别的游戏者身后，则不能提醒被丢手绢的人；

3. 游戏者 A 跑完一圈以后才能开始丢手绢。

游戏的目的和意义

1. 发展游戏者快速奔跑能力，培养游戏者的洞察力和敏锐性；

2. 提高同伴间的交往能力；

3. 培养游戏者表演的才能。

适合年龄段

3 岁以上

安全指数：★★★

运动指数：★★★★

快乐指数：★★★

收集者：但治飞、陈波、高纯纯、蒋薇薇、赖敏、马昌琼、吴敏、张元志、赵旭

丢手绢　绘图：申利丽

18. 丢沙包

材料准备

沙包一个，粉笔画成的矩形界线（距离长短以能最远接住沙包为参考）。

游戏规则与玩法

传统的玩法是把游戏者平均分成两组，一组站在矩形界线的两头用沙包投击场内的另一组游戏者，若场内的游戏者被击中就被“淘汰”充当另一组的投手，若接住了丢来的沙包，就多了“一条命”，当被击中时可以救回一个“阵亡”的战友，也可以自己再玩一次，直到场内的游戏者全部被击中，两组交换角色，游戏重新开始。也可以增加难度，若场中的游戏者接住两次沙包，投手就得只用一只手投掷沙包；若场中的游戏者接住 4 次沙包，投手就得用单脚跳着扔沙包；若场中的游戏者接住 6 次扔来的沙包，投手就得全部“阵亡”，输掉这次游戏，接受惩罚。

游戏的目的和意义

1. 锻炼大小肌肉及全身上下骨骼的发育，以及手眼的协调能力；

2. 锻炼游戏者身体的敏捷性；

3. 培养游戏者之间团队合作的精神。

适合年龄段

6 岁以上

安全指数：★★★

运动指数：★★★★★

快乐指数：★★★★

收集者：陈波、董登菊、高纯纯、黎婷、龚张明、李容香、刘芳打沙包陆谊谊、马昌琼、罗媛、潘世银、冉恒娥、赵旭、申利丽、唐雁丽、田承瑜、徐程程、曾令娟、赵倩、周丽、任永红

丢沙包　绘图：廖王烽

19. 手推车

材料准备

清洁平坦的地面。

游戏规则与玩法

二人猜拳决出胜负，负者爬下当作“车”，另一游戏者则把负者的两条小腿抬起放在自己身体的两侧做“推车人”，负者需要两手撑地往前爬行，“推车人”不能过分用力或走得过快，直到当“车”的人不能支撑为止，则游戏结束。

游戏的目的和意义：

1. 此游戏可以锻炼游戏者两手臂的承受能力；
2. 可以培养游戏者之间的协作能力。

适合年龄段

8 岁以上

安全指数：★

运动指数：★★★★

快乐指数：★★★

收集者：陈波、唐正中、王小燕

手推车　绘图：申利丽

20. 撒棍儿

材料准备

小木棍若干个。

游戏规则

三两个游戏者凑在一块，每人拿出数量相等的木棍，将拿出的一把小棍轻轻的随机撒开，手中仅留取一根木棍去挑动地上撒开的木棍。挑时只能一根一根地挑，不能移动其他的棍儿，若移动到了其他的棍儿就要换另一个游戏者去挑，全部挑完后，数数谁挑的棍儿最多者为赢家。

游戏的目的和意义

1. 发展游戏者手眼协调的能力，促进手指、手腕等小肌肉群的发展；

2. 发展游戏者与同伴竞争的能力。

适合年龄段

3 岁以上

安全指数：★★★★★

运动指数：★

快乐指数：★★★★

收集者：陈沫君、龚张明、黄娟、刘芳、刘飞、马昌琼

撒棍儿　绘图：申利丽

21. 揪尾巴

材料准备

长短不一的用布条做成的“绳子”若干，各种小动物的头饰若干。

游戏规则与玩法

首先选择一位游戏者当“裁判员”，其他游戏者根据自己喜欢扮演的动物，选择头饰以及符合自己身份的尾巴，把尾巴系在自己后面裤腰上。当裁判员发出“开始”口令后，游戏者就要相互揪别人的尾巴，以至于最后一个尾巴被揪掉，裁判员宣布游戏结束，游戏者清点自己的战果，尾巴揪得最多者为胜。注意在游戏的过程中，别人来揪自己尾巴的时候，只能躲闪，不能用手护着尾巴。被揪掉尾巴的“动物”需退出游戏。

游戏的目的和意义

1. 发展游戏者的反应能力，动作的灵活性；

2. 提高游戏者快速奔跑、躲闪的能力；

3. 培养游戏者对游戏的兴趣。

适合年龄段

4 岁以上

安全指数：★★★

运动指数：★★★★

快乐指数：★★★★

收集者：陈沫君

揪尾巴　绘图：申利丽

22. 炒黄豆

材料准备

无

游戏规则与玩法

两个游戏者为一组，首先手拉手相对站立，边念儿歌：“炒炒炒，炒黄豆，劈里啪啦翻跟斗。”边左右摆动双手，双手拉紧不能松开，念至儿歌最后一个字时两人同时翻身。年龄小的游戏者可先转体 180 度，背对背站立，准备一下再转 180 度，面对面站立，这样连续进行下去，年龄大些的游戏者可连续转 360 度。

游戏的目的和意义

1. 培养游戏者之间动作的协调性；

2. 发展游戏者对音乐的节奏感，以及身体的灵活性。

适合年龄段

3 岁以上

安全指数：★★★

运动指数：★★

快乐指数：★★★★

收集者：陈沫君、司胜万、温凯、唐岚

炒黄豆　绘图：申利丽

23. 攻城堡

材料准备

地上画一个大的圆圈，表示“城堡”，圈中心放一只沙包表示城堡中的“珍宝”。

游戏规则与玩法

请1/3的游戏者站在圈内做“守城”人，其余2/3的游戏者站在圈外做“攻城”人。游戏开始，“攻城”人要想方设法取到“珍宝”（把沙包踢出圈外），而“守城”人要竭力保护“珍宝”不被取走。若“珍宝”被取到则表示“城”被“攻破”，“攻城”的游戏者取胜，然后调整角色。游戏重新开始。注意“珍宝”只能用脚踢，不能用手抓。

游戏的目的和意义

培养游戏者动作的灵敏性，以及团结合作的能力。

适合年龄段

6岁以上

安全指数：★★

运动指数：★★★★

快乐指数：★★★★

收集者：陈沫君

攻城堡　绘图：申利丽

24. 猜拳跳圈

材料准备

用塑料做成的圆圈若干，用粉笔在开阔场地的两边分别画出起点线和终点线。

游戏规则与玩法

两个游戏者为一组，两人同时站在一段相同的起跑线上，游戏开始，两人猜拳决定出输赢，赢者把圆圈抛出去，然后跳进圈，继续进行猜拳，胜者再跳一次，这样游戏反复进行，先到终点线者为胜。

注意事项

1. 每赢一次，赢者只能抛出圆圈跳一步；

2. 抛圈的距离应以自己能跳进去为准，跳不进去则犯规，需回到原处重新开始。

游戏的目的和意义

1. 锻炼游戏者立定跳远能力；

2. 培养游戏者的目测力和判断力。

适合年龄段

4 岁以上

安全指数：★★★

运动指数：★★★★

快乐指数：★★★

收集者：陈沫君

猜拳跳圈　绘图：申利丽

25. 生梨和苹果

材料准备

一块较开阔的场地。用粉笔画一条长 2 米的笔直的线段。

游戏规则与玩法

游戏人数不限，推选两名游戏者悄悄商量扮成“生梨”或“苹果”，然后两手拉着架起来。其余的人成一路纵队依次钻过并念儿歌："苹果熟了，生梨熟了，大家来呀，快点来呀，苹果、生梨，你要吃啥？"当念到"啥"时，"生梨"、"苹果"将手放下，问套住者："你要吃啥？"被套住的游戏者自选"苹果"或"生梨"，并分站两旁，全部游戏者套完后，"生梨"、"苹果"队分别清点人数，然后两队分别派出一名游戏者，站在直线的两旁，各伸出一只手尽力地去拉对方，直至把对方拉过直线进入自己的一边，算作自己的人，直到最后看哪一队的人多者为胜。如果对方人数少，则未配对的人仍算原来队的人。游戏重新开始时，两位架起手的游戏者再商量其他水果角色，也可反复进行几次后再更换角色。

游戏的目的和意义

1. 发展游戏者动作协调能力；

2. 锻炼游戏者的臂力。

适合年龄段

3 岁以上

安全指数：★★★★

运动指数：★★★

快乐指数：★★★

收集者：陈沫君

生梨和苹果　绘图：申利丽

26. 黄鼠狼拉鸡

材料准备

开阔的场地上画一条分界线。

游戏规则与玩法

一名游戏者扮成“小狗”，其他游戏者扮成“小鸡”，成一排蹲在离分界线 1 米远的地方。游戏开始，“小狗”边走边轻轻地摸“小鸡”的头，同时念儿歌：“打、打、打更了，灯灭了，睡觉了，黄鼠狼要偷鸡了。”念完后，“小狗”蹲在一旁，“小鸡”闭上眼睛。另一名游戏者扮演“黄鼠狼”，轻手轻脚地摸进来拉“小鸡”，被拉到的“小鸡”发出“叽叽叽”的呼叫声，“小狗”听到叫声后，迅速“汪汪”叫着去救“小鸡”，如果追上则为救回，如果“小鸡”被拉过分界线则为失败，游戏可反复进行。最后，看“黄鼠狼”一共拉了多少只“小鸡”。

游戏的目的和意义

1. 培养游戏者动作的灵敏性；
2. 发挥游戏者的想象力。

适合年龄段

3 岁以上

安全指数：★★★★

运动指数：★★★

快乐指数：★★★★

收集者：陈沫君

黄鼠狼拉鸡　绘图：申利丽

27. 万花筒

材料准备

万花筒一个，各色玻璃碎片若干。

游戏规则与玩法

万花筒是一种光学玩具，把各色玻璃碎片放在桌子上，只要拿起万花筒对着碎片往筒眼里观看，将会出现一朵朵美丽的花样，将它稍微转一下，又会出现另一种花的图案。不断地转动角度，图案也在不断变化。

游戏的目的和意义

让游戏者认识它的基本原理，即光的反射和光的折射，理解这是一种物理现象。

适合年龄段

5 岁以上

安全指数：★★★★★

运动指数：★

快乐指数：★★★

收集者：但治飞、唐正中

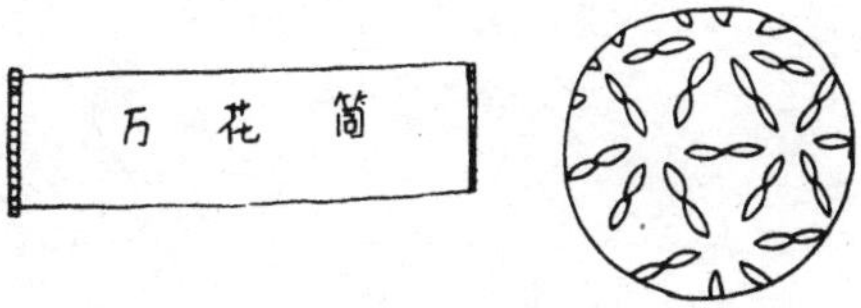

万花筒　绘图：申利丽

28. 不倒翁

材料准备

不倒翁一个。

游戏规则与玩法

不倒翁上半身为空心壳体，重量很轻。下半身是一个实心的半球体，重量较大，不倒翁的重心就在半球之内。当拨动时，不倒翁会左右摇摆，拨动力度越大，摇摆的幅度也越大，直到与桌面成一直线，它也会重新站起来。

游戏的目的和意义

让游戏者了解它的原理，培养游戏者的观察能力。

适合年龄段

5 岁以上

安全指数：★★★★★

运动指数：★

快乐指数：★★★

收集者：但治飞

不倒翁　绘图：申利丽

29. 一二三木头人

材料准备

宽敞的场地。一条不透明的丝巾，用粉笔画一条起点线。

游戏规则与玩法（一）

从游戏者中选出一名作为监督员，监督员走在其他游戏者的前面，大家同时边拍手往一个方向走边念儿歌："我们都是木头人，不许说话不许动，动了就打一百一。"儿歌念完后，每个人必须马上保持不动，监督员立即扭过头开始一个个检查，动者为输，赢者可以惩罚输者，赢者一边唱儿歌："一，二，三，砍猪肝，四，五，六，坨坨肉，七，八，九，拉起猪儿上街走。"一边在输者的胳膊上模拟做相应的动作。之后游戏反复进行。

游戏规则与玩法（二）

此游戏需要两人以上参加。一人背对大家，用丝巾蒙住眼睛，当他以不同速度说出"一二三木头人"后，其他人要装成"木头人"立即不能动，蒙住眼睛的游戏者开始摸，1 分钟后如果没有摸到一个游戏者，则需要转回去走开，游戏重新进行。这时大家可以尽力向蒙眼人悄悄靠近，当某人拍了下蒙眼人的身体，大家就马上往回跑，跑到起点线的人过关，蒙眼人回头叫"一二三木头人"时，大家马上不许动，由蒙眼人摸 1 分钟后，把没回到起点线的人摸到为胜，摸到的人充当蒙眼人。

游戏的目的和意义

1. 锻炼游戏者的快速反应能力，让他们感受游戏带来的乐趣；

2. 让游戏者学会令行禁止，萌发规则意识，锻炼游戏者的自控能力。

适合年龄段

5 岁以上

安全指数：★★★★★

运动指数：★

快乐指数：★★★★

收集者：但治飞、唐正中、温永涛、袁媛、黎婷、赵璐

一二三木头人　绘图：申利丽

30. 打舍脱（拍手背）

材料准备

无

游戏规则与玩法

两名游戏者以猜拳来决定谁先拍，拍者掌心向上并将手放在对方的手心下面，看准机会撤手从上面去拍对方的手背，如能成功则继续拍，一旦拍空两人交换角色，游戏继续进行。

打舍脱　绘图：廖王烽

游戏的目的和意义

促进游戏者肢体的发展，锻炼游戏者快速反应能力。

适合年龄段

5 岁以上

安全指数：★★★★★

运动指数：★

快乐指数：★★★★

收集者：但治飞、申丽、唐正中

31. 老鹰捉小鸡

材料准备

老鹰头饰一个、母鸡头饰一个、小鸡头饰若干，较宽的场地。

游戏规则与玩法

首先选出一个游戏者扮演“老鹰”，另一个较高较强壮的游戏者扮演“母鸡”，其他人扮演“小鸡”。“母鸡”站在队伍的最前面，后面的“小鸡”依次拉着前面“小鸡”的衣襟，老鹰开始捉“小鸡”，而“母鸡”张开自己的双臂当“翅膀”负责保护“小鸡”，若“小鸡”被老鹰全部捉住则为输。换其他“母鸡”，游戏重新开始进行。

注意事项

1. 当“老鹰”用手触摸到任何一个“小鸡”的任何部位，该“小鸡”就算被捉住了，就要离开队伍，等下次游戏开始，才能再上场；

2. 掉队的“小鸡”如果没有被“老鹰”抓住，可跟上队伍继续游戏。

游戏的目的和意义

1. 培养游戏者的角色感和灵巧躲避的能力；

2. 培养集体团结的观念，增进同伴之间的友谊；

3. 提高保护别人的意识，增强责任感。

适合年龄段

4 岁以上

安全指数：★★

运动指数：★★★★★

快乐指数：★★★★

收集者：但治飞、刘飞、司胜万、唐正中、马昌琼、赵璐、赵旭、韦正虎、卢凤菊

老鹰捉小鸡　绘图：申利丽

32. 斗鸡（撞拐）

材料准备

平坦的场地。

游戏规则与玩法（一）

两人一组，单脚相对站立，游戏者一手拉住自己的脚，去撞对方的膝盖，使对方失去平衡，脚落地者为败。也可以分组游戏，每组依次选派一人来进行比赛，最后输的次数多的一组为失败队。为增加游戏的安全性，可在大些的泡沫板或软垫上进行，谁先倒下为输，整个过程中抬起的脚都不能放下来，必须一直用手拉住。

游戏规则与玩法（二）

也可以进行三人斗法，称为“三角斗”，还可多人混斗。三人或多人斗时，采取甲攻乙、乙攻丙、丙攻甲的循环方式，不得乱斗，游戏者既要攻斗别人，又要提防别人的进攻。

斗鸡　绘图：廖王烽

游戏的目的和意义

1. 提高游戏者身体的平衡性和协调能力；
2. 锻炼游戏者单脚跳的技能技巧；
3. 培养游戏者的毅力。

适合年龄段

7岁以上

安全指数：★

运动指数：★★★★★

快乐指数：★★★★

收集者：但治飞、高纯纯、刘欢、黎婷、唐正中、吴敏、曾令娟、张元志、任永红、潘世银、司胜万

33. 捡石子（抓子儿）

材料准备

棱角光滑的小石子若干，一块平整干净的场地。

游戏规则与玩法

几个游戏者共同游戏，可以有 8 种不同的玩法：

抓一：右手拿着 9 粒石子，全部撒到地上，然后右手捡起一粒石子作为“母子儿”，拿起“母子儿”向上抛，在“母子儿”未落地之前，抓起地上的一粒石子，再接住正在往下落的“母子儿”，如此逐步把地上的所有石子全部抓完，谁先捡完者为胜。

抓二：用同样方法撒完石子后，右手拿起“母子儿”，同时两粒两粒地抓起地上的石子，直至全部抓完。

抓三：同样方法撒完石子后，捡石子时，先同时抓 3 粒，再一粒一粒地抓。

抓四：同样方法撒完石子后，捡石子时，先同时把 4 粒石子一起捡起，再一粒一粒地抓。

簸米：同样方法撒完石子后，抛起“母子儿”后，捡起一粒马上放到左手，再捡起一粒接住“母子儿”。

穿针：同样方法撒完石子后，再一个个抛起，每抛一粒，当石

子下来时，就要从右手大拇指和食指捏成的小洞上穿入。

挂提篮：同样方法撒完石子后，再用右手一个个捡起地上的石子，同时右手中的石子马上又抛到左手中去，左手要准确无误地接住右手抛过来的石子。

珠子过笼：同样方法撒完石子后，左手拇指和食指做一个笼子状，右手将地上的石子一个个扫过笼子。

捡工头：同样方法撒完石子后，由另外一个游戏者把地上的两颗石子重叠起来，拣的时候不能把重叠的石子碰倒。

注意事项

1. 在捡石子时，手不能碰到地上其他的石子，碰到就算犯规，要让对方继续游戏。

2. 在进行抛和捡时，留在手里的那颗“母子儿”和捡起来的石子都不能落地。

捡石子　绘图：申利丽

游戏的目的和意义

有利于促进游戏者手指的灵活性，锻炼其手眼协调能力。

适合年龄段

6 岁以上

安全指数：★★★★

运动指数：★★

快乐指数：★★★★

收集者：董登菊、罗媛、陆谊谊、李容香、李自粉、刘飞、马昌琼、罗媛、冉恒娥、潘世银、施金秀、韦正虎、文曼、曾令娟、周丽、申丽

34. 胖子胖

材料准备

无

游戏规则与玩法

由三个以上游戏者进行游戏，游戏者们站成一个圆圈，面向圈外，一只脚站立，另一只脚与其他游戏者的一只脚交叉挽在一起，边顺时针或逆时针往前跳边拍双手、念儿歌："胖子胖，打麻将，输了钱，不还账。"脚先落在地下者为输。或者将游戏者进行分组，每组同等人数，哪一组最先坚持不下来者为输。儿歌也可以不同："编，编，编花篮，花篮里面有小孩，小孩的名字叫花篮。三五六，三五七，三八三九四十一，四五六，四五七，四八四九五十一，五五六，五五七……"

游戏的目的和意义

1. 促进游戏者腿的发育，以及四肢的协调能力；
2. 通过听儿歌进行跳动，有利于游戏者节奏感的发展；
3. 培养游戏者积极的合作精神。

适合年龄段

7 岁左右

安全指数：★★

运动指数：★★★★

快乐指数：★★★★

收集者：董登菊、郭江霞、温永涛、袁伟、唐雁丽、申丽

胖子胖　绘图：申利丽

35. 踩高跷

材料准备

竹制的或者木制的高跷，较平坦的场地。

游戏规则与玩法

游戏者把两只脚踩在高跷上面，手拉着绳子，直接走就可以啦。游戏者可以一人进行踩高跷，也可以和几个游戏者一起踩，择同一起点，谁先到达终点谁就赢。

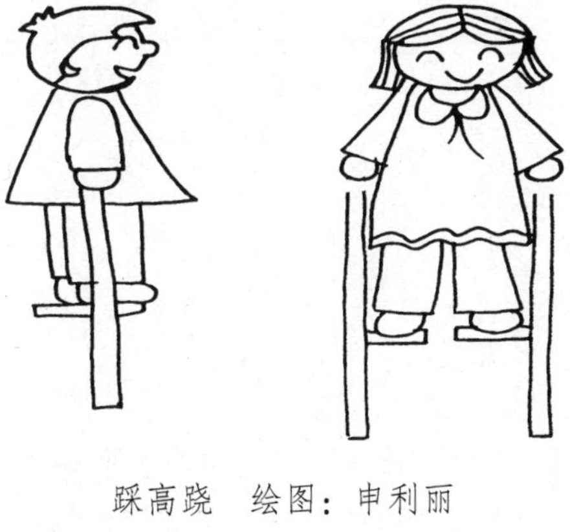

踩高跷　绘图：申利丽

注意事项

1. 年龄较小的游戏者应选择在地面平坦的地方玩，避免摔倒；

2. 走时不允许游戏者用手扶高跷，否则就算犯规。

游戏的目的和意义

1. 锻炼游戏者平衡能力的发展；
2. 有助于游戏者注意力的培养；
3. 有助于培养游戏者勇敢自信的品质。

适合年龄段

6 岁以上

安全指数：★★

运动指数：★★★★

快乐指数：★★★

收集者：董登菊、刘欢、罗媛、施金秀、罗媛

36. “全国人民大解放”（三个字）

材料准备

较宽阔的场地。

游戏规则与玩法

先进行猜拳，最后两个猜拳输的人要去追逐其他人，被追逐者快被追上时，可以及时叫出三个字的词语来保护自己，但是不能再移动，要等其他活动的人去拍一下，才能“得救”。如果只剩下唯一的一个人，那么解救所有人的办法就叫“全国人民大解放”，即唯一的人退出场地，其他游戏者都可以“活动”，犯规的人、被抓住而没说出三个字的人则都要变成追逐者。

注意事项

1. 三个字如果是其中任意游戏者的名字，必须由这个游戏者拍他一下才能救活。

2. 不能说带有“你”、“我”、“她/他”的三个字（如“你救我”），否则成为追逐者。

游戏的目的和意义

1. 锻炼游戏者的奔跑速度；

2. 锻炼游戏者的反应能力。

安全指数：★★★

运动指数：★★★★

快乐指数：★★★

收集者：冯静、龚张明、冉恒娥、李莹银、余丽丽、黎婷、李莹银、刘飞、刘贵芳、唐雁丽、王琦、吴敏、徐程程、王蕾、吴锟

全国人民大解放　绘图：申利丽

37. 击鼓传花（传彩球）

材料准备

小拨浪鼓一只，玩具花一只。

游戏规则与玩法

许多游戏者围成一个大圆圈，一个人手中拿花鼓，背对众人，把花传给第一个人时开始摇动拨浪鼓，鼓响的同时把花一个接着一个按顺时针或逆时针的方向往下一个人手里传，当鼓声停止时，花在谁手中，谁就表演节目。

击鼓传花　绘图：申利丽

游戏的目的和意义

1. 锻炼游戏者的动作的敏捷性以及反应能力；

2. 锻炼参加者的胆量，能在集体面前自然、大方地表现自己。

适合年龄段

6 岁以上

安全指数：★★★★★

运动指数：★

快乐指数：★★★★

收集者：冯静、龚张明、冉恒娥、余丽丽、文曼

38. 守云盘

材料准备

一个大型的圆柱形物体，如大树、电线杆等，在其附近用粉笔分别画一道起点线和终点线。

游戏规则与玩法

8 个以上的双数游戏者，平均分成两组，进行猜拳，输了的一组就要留一个游戏者站在大型圆柱那里，让赢的一组先开始从起点线跑，等过了 5 秒或 10 秒（由游戏者自定）后再由输的一组追逐，跑到终点线之后再返回起点线，如果赢的一组至少有一个能回来摸到那个大型圆柱的任何部位，那么该组获胜。守候在圆柱旁边的游戏者要千方百计地阻止对方摸到圆柱。

游戏的目的和意义

1. 锻炼游戏者的奔跑能力，促进身体健康地成长；

2. 提高游戏者的灵活性。

适合年龄段

7岁以上

安全指数：★★★

运动指数：★★★★

快乐指数：★★★

收集者：冯静、冉恒娥、余丽丽

守云盘　绘图：申利丽

39. 牛拱背（跳拱）

材料准备

开阔的空地。

游戏规则与玩法（一）

猜拳决出一人扮演“牛”的角色。游戏分为三个高度，首先扮演“牛”的游戏者双手抱头蹲在地上，腰弯成拱形做支撑物，其他人做跳拱人按住“牛”腰从“牛”背上跳过去；如果全部跳拱人都跳了过去，那么再进行第二个高度的游戏，就是“牛”弯腰低头双手手尖挨住地面，跳拱人再从“牛”背上跳过去；第三个高度是扮演“牛”的人双手放在膝盖上低头弯腰，跳拱人再从“牛”背上跳过去。如果跳拱人没有跳过去，则角色对换，游戏继续进行。

游戏规则与玩法（二）

跳拱人依次跳过去后就成了“牛”，原来的“牛”可变成跳拱人依次起立跳拱。

注意事项

1. 在玩的过程中，“牛”不能够随意站起来，或者移动位置；
2.. 跳过去的人脚不能碰到“牛”。

游戏的目的和意义

1. 能够锻炼游戏者跳跃的能力；
2. 培养游戏者的胆量。

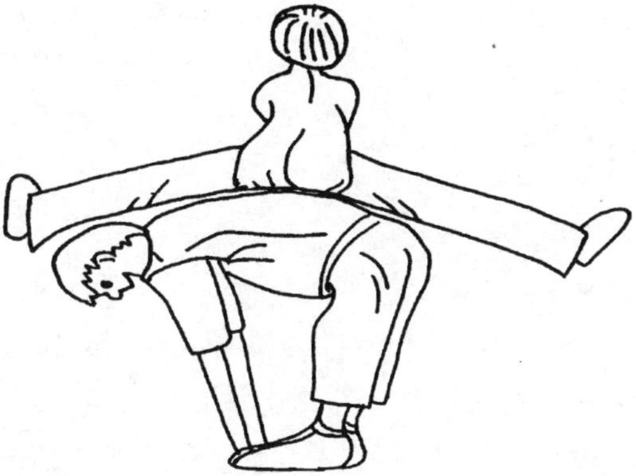

牛拱背　绘图：廖王烽

适合年龄段

9 岁以上

安全指数：★★

运动指数：★★★★

快乐指数：★★★

收集者：高纯纯、李雪梅、刘贵芳、吴敏、雷红远、温永涛、袁伟、任永红、张菲

40. 打弹珠

材料准备

玻璃弹珠若干，在开阔的场地里用粉笔画一条直线作为界线，并在稍远处掏两个或几个圆洞（数量以游戏者为准，一人一个洞），大小比弹珠稍大些。

游戏规则与玩法（一）

游戏者分为两组，在各自的界线里轮流弹出弹珠，看谁先把对方的玻璃珠打出界外，全部弹珠被打出界外者为输。

游戏规则与玩法（二）

在各自的界线里，游戏者们一次将弹珠从画线处弹出。当游戏者依次将弹珠弹进所有洞后，这个弹珠就可以去撞对手其他的弹珠。如果撞到其他弹珠，此游戏者获胜；被撞到的弹珠的持有者落败。有的地方以弹珠为赌注，输者每次输一个弹珠。

游戏规则与玩法（三）

也可以先画出一个三角形，在三角形的对面两三米的位子再画一条直线，把珠子放在三角形内，只留下一颗在手，猜拳决出谁先把三角形里的珠子从直线处打出来，打出来的珠子就属于打出珠子

的人，珠子打出多者为胜。

游戏的目的和意义

1. 让游戏者学会动脑筋，锻炼游戏者的解决问题能力；
2. 促进游戏者手指的灵活性。

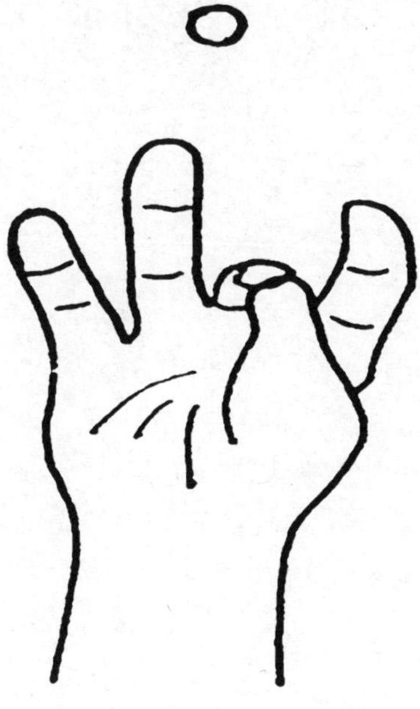

打弹珠　绘图：廖王烽

适合年龄段

8 岁以上

安全指数：★★★★

运动指数：★★★

快乐指数：★★★

收集者：高纯纯、蒋巍巍、李容香、李雪梅、刘贵芳、卢凤菊、陆谊谊、冉恒娥、施金秀、田承瑜、文曼、吴敏、曾令娟、张

元志、唐晋鱼、任永红、王蕾

41. 王婆种瓜

材料准备

无

游戏规则与玩法

通过分配，选出一位游戏者当“王婆”，另一位当“偷瓜贼”，其余的游戏者就扮演“瓜”。扮演“瓜”的游戏者在类似台阶的地方坐成一排，双手合十举在头顶，“王婆”走过来假装给这些“瓜儿”浇水、施肥，然后游戏者举在头顶的手就打开一点点，表示“瓜”发芽了；一共要进行三次这样的动作，第二次手就放在胸前成花朵状，表示开花；第三次双手在胸前环成圆形就表示西瓜结果了，“王婆”挨个轻轻敲一下这些“瓜儿”的脑袋，表示成熟了，之后就去旁边坐着假装睡着。这时“偷瓜贼”就来了，把“瓜儿”一个一个牵跑，其中的“瓜儿”一边跑一边喊“偷瓜了！偷瓜了！”“王婆”听见后就起来抓“偷瓜贼”，抓住“偷瓜贼”就结束游戏，重新分配角色开始下一轮游戏；如果抓不住，则“偷瓜贼”牵跑的“瓜儿”就属于“偷瓜贼”的，等游戏结束后才能继续游戏。

游戏的目的和意义

1. 锻炼游戏者肌肉的力量；

2. 让游戏者感受到做游戏的快乐；

3. 让游戏者了解作物成长大致经过发芽—开花—结果三个阶段的知识，体会农民种地的辛苦，明白偷瓜行为的可耻。

适合年龄段

5 岁以上

安全指数：★★★★

运动指数：★★★

快乐指数：★★★★★

收集者：郭江霞

王婆种瓜　绘图：申利丽

42. 骑竹马

材料准备

自制竹马一副（两根直径约为 1 厘米的竹竿，在竹竿 1/3 处用较粗的绳子各绑一个踏脚处），在开阔的地上划好起点线和终点线。

游戏规则与玩法

首先将游戏者平均分为两队，类似于接力赛一样，两队人员先各派出队员一名，同时喊“开始”后，队员就骑上“竹马”从起点线向终点线走去，然后再倒回来传给这个队的下一位队员，如此几个回合，直到最后一位到终点者，最先全部骑完的一方为胜利者。

注意事项

不要让脚落到地下，否则就要重新来过。

游戏的目的和意义

1. 锻炼游戏者的肌肉，增强他们的体质；

2. 使游戏者学会规则，培养他们团队合作的精神和竞争意识。

适合年龄段

8 岁以上

安全指数：★★

运动指数：★★★★

快乐指数：★★★

收集者：郭江霞

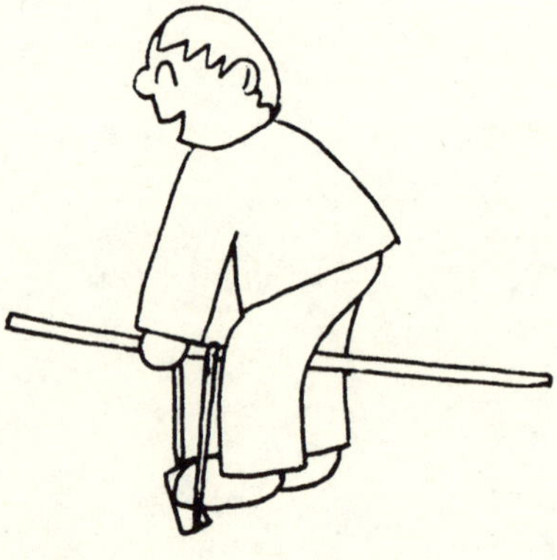

骑竹马　绘图：申利丽

43. 打羊战

材料准备

开阔的场地，中间有一段约 20 米的空地标为“楚河汉界”。

游戏规则与玩法

比赛一般由两队进行，每队人数 10 ~ 20 人不等，双方等距离站于两边。比赛时先由双方的“羊头领”猜拳定出兵的先后。若甲队先出兵，便可偷越“楚河汉界”，到乙队处侦察情报，引诱乙方队员。乙队可派兵侦察还击，双方像羊一样进行搏斗，若在乙方界内甲方的队员被抓，即为乙方俘虏，成为乙方新增队员，接受乙方统一指挥。若乙方队员追过“楚河汉界”进入甲方阵营，甲方可增兵去抓乙方队员，当一方只剩下一人时，视为全军覆没，举白旗认输。

游戏的目的与意义

1. 锻炼游戏者行动的灵活性；
2. 锻炼游戏者思维的缜密性；
3. 有利于团队合作能力的培养。

适合年龄段

7 岁以上

安全指数：★

运动指数：★★★★★

快乐指数：★★★★★

收集者：申健强、王文乔

打羊战　绘图：申利丽

44. 坐花轿

材料准备

用粉笔画一条较直的起点线和终点线。

游戏规则与玩法

平均分好组，每组三个游戏者。两个游戏者伸出双手搭成一个“口”字形（自己一手握住另一手的腕关节，两人都一样，然后再相互抓住对方没被握住的腕关节）后，蹲下来，另一个游戏者则两腿插进组成的“口”字形空隙里，坐在搭好的手上面，然后各组游戏者慢慢地站起来，抬着自己的伙伴“赶路”，组间进行竞赛，先到达终点者为胜。

注意事项

应根据实际情况抬体重比较轻的游戏者。如果途中坐着的游戏者从“花轿”中“掉”了下来，则这一组为输。

游戏的目的和意义

1. 拓展游戏者的思维能力和想象力；
2. 有利于游戏者四肢的发育；
3. 有助于游戏者合作能力的培养。

适合年龄段

7 岁以上

安全指数：★★

运动指数：★★★★

快乐指数：★★★★

收集者：郭江霞、蒋巍巍、潘世银、田承瑜、任永红

坐花轿　绘图：申利丽

45. 摔哇呜（甩泥炮）

材料准备

各自备湿润的泥一团，并用泥团捏成各式各样半圆形的“泥碗儿”。

游戏规则与玩法

高唱儿歌“东北风，西北风，摔个响儿给你听”或者“东乡的、西乡的，都来听俺放枪的”，然后每个游戏者用力将自己制成的泥碗口朝下摔在地上，看谁的泥碗摔的声音大，洞破的大者为胜。也可以由一个游戏者先摔，摔后其他参赛者立即拿出备用的泥团捏成片或丸堵于泥洞上面。最后以各自手中的泥团多少决定胜负，多者胜于少者。

游戏的目的和意义

1. 锻炼他们手指的灵活性，有利于游戏者手臂肌肉的发育；
2. 增强游戏者之间的竞争意识。

适合年龄段

6 岁以上

安全指数：★★★★

运动指数：★★★

快乐指数：★★★★

收集者：郭江霞、卢凤菊、唐晋鱼

摔哇呜　绘图：申利丽

46. 写王字

材料准备

墙壁一面，用粉笔画一条起点线。

游戏规则与玩法

用石头剪子布首先决定一位输家，输家面对墙壁背对着其他人。游戏开始，输家用手划出一个“王”字的同时，其他人在线外悄悄地向他靠近，输家写完立即转身，正在移动的人就要马上停止不动，若被检查出移动者，则为下一位输家，否则，游戏继续。直到输家在写“王”字时，有人用手触摸到了他，则输家开始随意追某一个人，追到后，被抓到的那个人算输，充当新一轮的输家。若所有人都成功返回起点后，输家还未抓到一个人，则输家重新当输家，直到找出下一个输家为止。

游戏的目的和意义

1. 锻炼游戏者的反应能力，熟悉并遵守规则；

2. 培养游戏者的注意力。

适合年龄段

6 岁以上

安全指数：★★★★

运动指数：★★★

快乐指数：★★★★

收集者：郭江霞、黎瑜莉、李莹银、徐程程、赵旭、张丽

写王字　绘图：申利丽

47. 小松跳绳

材料准备

较长的跳绳一根。

游戏规则与玩法（一）

游戏者分两组，从一组中挑选两人，一人持绳的一端把绳甩起来。另一组中一人先进去跳，边跳边念“从前有棵树，树上有个洞，洞里有个游戏者，小松、小松快进来”，这时其他的队员就跳进去，也边跳边念“小松、小松转一个圈”，最先跳进去的游戏者就边跳边转一个圈，又念“小松、小松摸一下地”，则那个游戏者就边跳边蹲下来快速地摸一下地面，念“小松、小松闭一只眼”，那个游戏者就快速的闭上一只眼跳，再念“小松、小松摸一个天”，那个游戏者就边跳边伸出一只手在空中划一个圈，最后念“小松、小松快出去”，这时候所有在绳内的游戏者就全部跳出绳外。违规者作为“甩绳手”。

游戏规则与玩法（二）

游戏先决出两个游戏者甩绳，其余的人按顺序排成队，第一个人先进去跳一下就出去，下一个游戏者再进去跳一下然后出去，一个接着一个进行，不能轮空，也不能抢节奏。

注意事项

1. 在整个过程中，甩绳的游戏者不能停下来，并且甩绳时速度要均匀，若绳被绊住停下来，则绊住绳的一组被视为失败，轮换为另一队跳，输家则负责甩绳索。

2. 全组游戏者同时跳进后要求同时跳出，否则为输。

游戏的目的和意义

1. 锻炼游戏者腿部肌肉的发育；

2. 考验游戏者的反应能力和节奏感；

3. 有利于提高游戏者团队合作的能力和意识。

适合年龄段

7 岁以上

安全指数：★★

运动指数：★★★★

快乐指数：★★★★

收集者：廖王烽、郭江霞、温凯、吴敏

小松跳绳　绘图：申利丽

48. 桃花桃花几时开

材料准备

一片开阔干净的空地。

游戏规则与玩法

先选出一位游戏者扮演桃花，双手呈花状蹲在地上。其他游戏者手拉手围成一个大的圆圈，然后一边唱着儿歌“桃花桃花几时开?”（也可以是其他的花，按季节开放）一边顺时针或逆时针走，蹲在地上的游戏者回答“一月不开二月开”，其他游戏者又念“桃花桃花几时开?”回答“二月不开三月开”，又念“桃花桃花几时开?”蹲在地上的游戏者回答“三月桃花朵朵开”之后，其他游戏者马上把手放下来，开始四散跑开，而蹲着的游戏者就站起来追赶，当抓住一个游戏者后，就让被抓住的游戏者扮演“桃花”，游戏继续进行。

注意事项

1. 此游戏是集体游戏，提醒游戏者避免互相碰撞；
2. 根据植物开的月份，须等儿歌念完后才能逃。
3. 可以把桃花改成荷花或其他的花，进行问答。

游戏的目的和意义

1. 有助于培养游戏者的语言能力；
2. 有助于锻炼游戏者身体的协调能力。

适合年龄段

4 岁以上

安全指数：★★

运动指数：★★★★

快乐指数：★★★★

收集者：蒋巍巍

桃花几时开　绘图：申利丽

49. 拍对子（拍手歌）

材料准备

无

游戏规则与玩法

游戏时，两人面对面坐着，两只手先在胸前合拍一下，然后用自己的右手拍对方的左手一下，左手拍对方的右手一下，一边拍，一边念儿歌："你拍一，我拍一，一个小孩坐飞机；你拍二，我拍二，两个小孩扎小辫；你拍三，我拍三，三个小孩吃饼干；你拍四，我拍四，四个小孩写大字；你拍五，我拍五，五个小孩敲边鼓；你拍六，我拍六，六个小孩吃猪肉；你拍七，我拍七，七个小孩穿新衣；你拍八，我拍八，八个小孩吃西瓜；你拍九，我拍九，九个小孩齐步走；你拍十，我拍十，十个小孩在学习。"动作要协调有节奏，不断重复下去。拍错了的游戏者为输者。也可以一群游戏者一起玩，相互与左右的伙伴拍手，拍手的规则相同。

游戏的目的和意义

1. 让游戏者练习 1～10 的数数；

2. 培养游戏者的口语表达能力和动作的协调能力。

适合年龄段

5 岁以上

安全指数：★★★★★

运动指数：★★

快乐指数：★★★★

收集者：廖王烽、蒋巍巍、卢凤菊、吴敏

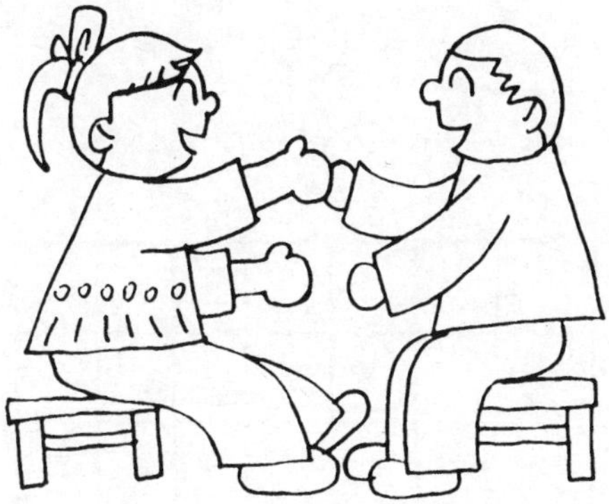

拍对子　绘图：申利丽

50. 五子棋

材料准备

一张方格纸，两支铅笔。

游戏规则

方格纸上对弈，每方各画“○或×”表示自己走过的“棋子”，只要有五颗“棋子”首先连成一条直线就为赢家。

游戏的目的和意义

训练游戏者的观察能力、思维能力和应变能力。

适合年龄段

6 岁以上

安全指数：★★★★★

运动指数：★

快乐指数：★★★★

收集者：蒋巍巍、李容香、陆谊谊、冉恒娥

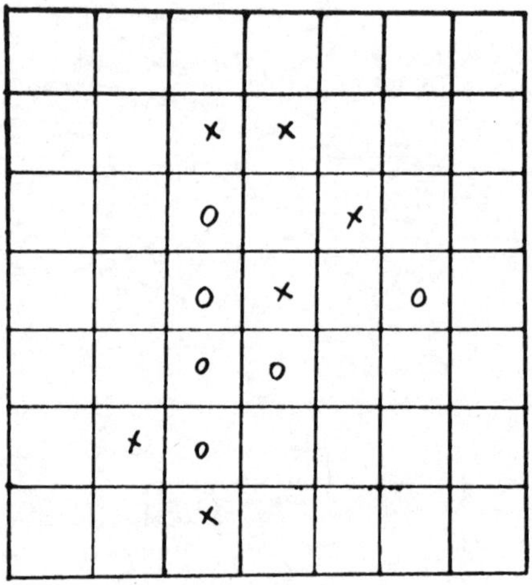

五子棋　绘图：申利丽

51. 画“太平天国”

材料准备

粉笔若干。

游戏规则与玩法

先把人数平均分成两组，用粉笔分别在地上画上两个大的“田”字格。双方猜拳，赢方在“田”格里写上“太平天国”四个字，每赢一次只能写一笔，直到全部写完这四个字为止。先写完字的一方赢时可以再画一幅旗帜，并在四周画上四个大炮，然后就用画好的大炮去攻击另一方的“太平天国”基地，每赢一次就可以轰炸掉对方的一个大炮、旗帜，直至完后，再赢时就可以轰炸掉对方“田”字格中的任一个字，直到最先毁坏完对方的所有物的一组为赢家。

游戏的目的和意义

1. 锻炼游戏者的反应能力和思维能力；

2. 培养游戏者的写字能力。

适合年龄段

6 岁以上

安全指数：★★★★★

运动指数：★

快乐指数：★★★★

收集者：蒋巍巍、唐雁丽、徐程程、赵璐、任永红

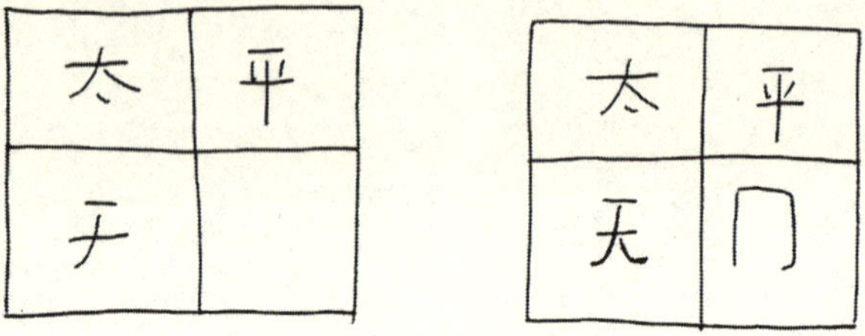

画“太平天国”　绘图：申利丽

52. 脚尖脚跟脚尖踢

材料准备

无

游戏规则与玩法

两人一组，双方都双手叉腰，边念儿歌边跳，当念“脚尖”时，右脚尖朝后点地，“脚跟”时，右脚尖朝前点地，“脚尖踢”时，将右脚尖朝左前方点地，接着向右前方踢。第二遍换左脚，依次反复进行。出错者为输家。

游戏的目的和意义

1. 有助于锻炼游戏者身体的协调和平衡能力，以及脚的灵活性；

2. 有助于让游戏者区别左右，根据儿歌的节奏做动作。

适合年龄段

6 岁以上

安全指数：★★★★★
运动指数：★★
快乐指数：★★★
收集者：蒋巍巍

脚尖脚跟脚尖踢　绘图：申利丽

53. 占四角

材料准备

无

游戏规则与玩法

4 人分别站在 4 个方位，距离较近。1 人站在中间发出“开始”的指令，然后 5 个人一起跑动抢占 4 个角落，占到者为赢，反之为输，输者就站在中间当发令员。每个人必须听到口令中的最后一个字时才能跑动。4 个方向的人听到口令后必须移动位置，不可原地不动。

游戏的目的和意义

培养游戏者快速奔跑的能力和反应的灵敏性。

适合年龄段

5 岁以上

安全指数：★★★

运动指数：★★★★

快乐指数：★★★★

收集者：蒋巍巍、王小燕

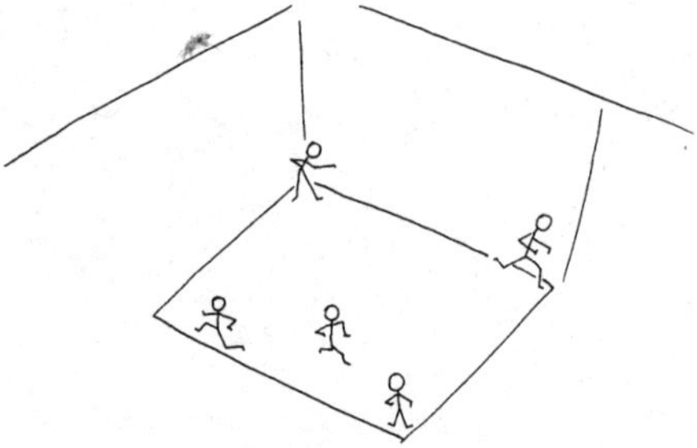

占四角　绘图：廖王烽

54. 跳皮筋

材料准备

2～3 米长的皮筋一根。

游戏规则与玩法

此游戏需要三人或三人以上的人玩。用猜拳或其他方式分组并自行决定哪组先跳，先从输掉的一组中挑选两人用腿把皮筋的两头撑起来。如在过程中跳错则换另外一组进行，最先跳完所有高度的一组为胜。跳者先右脚跳进去，然后左脚同时跟着进去。右脚再跳出右面的那根皮筋，左脚再跳出左面的那根皮筋。就这样边跳边唱："苹果树，苹果花，苹果树上有人家，他家有个小姐姐，名字叫鲜花。"唱到最后一句时，两只脚在皮筋的里面不动，然后一起跳出来。由低到高的进行游戏。皮筋的高度从脚踝处开始到膝盖，再到腰、胸、脖子、耳朵、头顶，最后可以"小举"（举过头顶稍高处）、"大举"（最大限度地举过头顶）。跳皮筋主要有挑、勾、踩、跨、摆、碰、绕、掏、压、踢等 10 余种基本动作，同时还可组合跳出若干个花样来。

点：站在皮筋的一侧中间，两手叉腰或两臂侧平举。一脚原地跳动一次，另一脚随之跳起用前脚掌点地。（注：以下基本动作的预备姿势同"点"）。

迈：一腿自然弯屈从皮筋这一边迈过另一边。

顶：正顶，面向皮筋站立，一腿屈膝向上举，用小腿顶着皮筋；侧顶，身体的左（右）侧触皮筋，一腿屈膝向上举，用小腿内侧或外侧顶着皮筋。

绕：一腿原地或迈过皮筋另一边，然后小腿由里向外（由外向里）绕皮筋，绕几次不限。

转：绕皮筋转，一脚原地跳一次，另一腿迈过皮筋，小腿由里向外（由外向里）绕皮筋，然后随转动跳出皮筋。也可以两腿均在皮筋的一边，身体触着皮筋，两脚交替地向左（右）转动。

掏：将绕在腿上的皮筋掏出来，向前掏还是向后掏要看绕在腿上皮筋的方向。如右腿从里向外绕筋就由左脚在右脚后踩住筋，右脚由里向外掏出来，绕几次掏几次。

摆压：一腿举起用小腿将筋压下，然后用前脚掌点地。

摆勾：一腿摆起用脚腕将超过头高的皮筋勾下。

踩、摆踩：在皮筋的一侧站立，一腿摆起用脚将超过头高的皮筋准确地踩下，也可以一脚原地跳动一次，另一腿迈过皮筋，然后两脚踩着皮筋或向左右移动。

踢：一般在第三高度上做，一脚将皮筋勾下，另一脚迈过皮筋，用脚面把皮筋踢起来。

游戏的目的和意义

1. 增强腿部和腰部的灵活性，促进骨盆的生长发育；

2. 增强内脏器官和血液循环系统的功能，提高弹跳力和平衡能力；

3. 培养游戏者较强的合作精神和团队精神。

跳皮筋　绘图：廖王烽

适合年龄段

6 岁以上

安全指数：★★

运动指数：★★★★★

快乐指数：★★★

收集者：赖敏、李自粉、陆谊谊、冉恒娥、施金秀、唐晋鱼、任永红

55. 石头、剪刀、布

材料准备：

用粉笔画一条起点线和一条终点线。

游戏规则与玩法

四人参加游戏，两人一组，一人做猜拳人，一人做走步人，走步人站在起点线上。猜拳双方相对而立，边原地跳边说“石头、剪刀、布”当说到“布”时，用脚做出想做的动作（两只脚并拢为石头，两脚一前一后为剪刀，两脚向两侧张开为布），以动作决出胜负（石头胜剪刀、布胜石头、剪刀胜布），胜者一方的走步人向前跨一大步。游戏反复进行，直至走步人到达终点，先到达终点者为胜方。也可边听音乐脚边跳动。

游戏的目的和意义

1. 锻炼游戏者手口一致和团结协作能力；

2. 发展游戏者的弹跳能力和简单的推测思考能力。

适合年龄段

3 岁以上

安全指数：★★★★★

运动指数：★★
快乐指数：★★★★
收集者：赖敏、罗媛

石头、剪刀、布　绘图：申利丽

56. 打纸板（拍纸方）

材料准备

用废弃的纸张或硬纸盒折成无数的正方块纸板。

制作方法：用两张规则的纸，如书页，分别对折成长方形，然后套成十字形，将四端从外向内折成三角形或直角梯形，依次叠压压实后塞在一起，就成了一个完整的纸板。

游戏规则与玩法

两人为一组进行游戏，先猜拳，输家要先把自己的一个纸板放在地上，让对方拿着一个纸板用力去拍翻地上的纸板，如果把地上的纸板拍打翻个“身”，则就赢了，这个纸板就归对方所有，另一个人必须重新放一个纸板在地上，对方继续拍打。如果没拍打翻地上的纸板，则对方就拿一个纸板放在地上，交换角色进行游戏。

注意事项

拍打时不能用嘴吹或身体其他部位帮助拍打。

游戏的目的和意义

1. 培养游戏者遵守游戏规则的意识；
2. 可以锻炼手臂、手腕的力量，增强体质。

适合年龄段

6 岁以上

安全指数：★★★

运动指数：★★★★

快乐指数：★★★

收集者：赖敏、田承瑜、吴次凡、张丽、任永红、廖王烽、吴锟

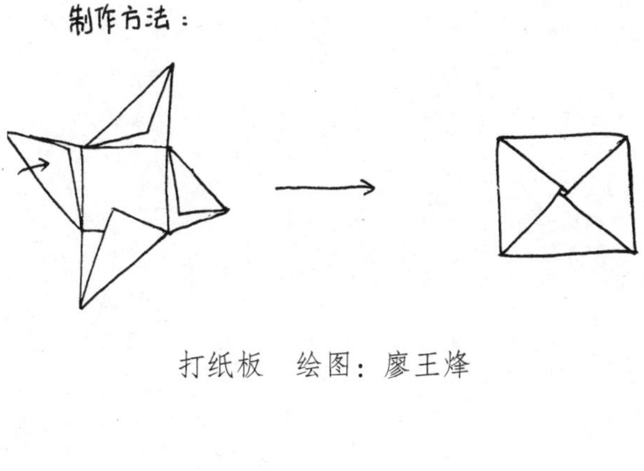

打纸板　绘图：廖王烽

57. “盲人”摸索

材料准备

不透明丝巾一条，圆鼓一个，一幅大象画，在大象的画像上粘一个泡泡糖，小的障碍物如沙包、布娃娃等，并画一个大的方形表示界线。

游戏规则与玩法（一）

先选出一个游戏者作为“盲人”，将丝巾围在他的眼睛上。将圆鼓放在离“盲人”有一定距离的位置上，在人与鼓中间可设置几个安全的小障碍（例如沙包、布娃娃等），“盲人”蒙上眼睛后就地转两圈，然后在摸索中向前摸鼓，顺利通过障碍物并摸到鼓者为胜。

游戏规则与玩法（二）

在一定的界线内，一个游戏者用丝巾蒙住眼睛，其他几位游戏者就问他：“盲人，盲人，你要去哪里?”这个游戏者就回答：“我要去钓鱼。”其他几位游戏者就接着说：“前面有条公路，是绿灯，你可以走了。”几次后当其他的游戏者说是“红灯”时，所有的游戏者就要站着不动，“盲人”就去摸索，摸到一个游戏者就要说出这个游戏者的名字，说错者继续扮演“盲人”，说对者该游戏者就去扮演“盲人”。当“盲人”走出界线时，其他游戏者可以提示该游戏者“出界了”。

游戏规则与玩法（三）

一个游戏者扮演“盲人”用丝巾遮住眼睛，在距大象画约 5 ~ 10 米远的地方，开始摸索着走，中间可以设置一些障碍物，“盲人”一直走到大象画的前面，用手去摸大象画上的那个泡泡糖，三次内摸着的就为胜利者，否则为输家。

游戏的目的和意义

1. 让游戏者通过真实的体验，来体会盲人行走的不便，让他们以后遇到盲人要主动地去帮助他们；

2. 培养游戏者正确的方向感。

适合年龄段

4 岁以上

安全指数：★★★

运动指数：★★★

快乐指数：★★★★

收集者：赖敏、袁媛、黎瑜莉、李莹银、吴敏、吴锟、申丽、张丽、李雪梅

“盲人”摸索　绘图：申利丽

58. 夹沙袋

材料准备

筷子若干根，小沙袋若干个（比沙包稍大一些，内装沙子），玻璃球若干个，塑料做成的碗若干个，一张较长的桌子，用粉笔画的起点线和终点线各一条。

游戏规则与玩法（一）

游戏开始时，每个游戏者用手拿一双筷子，夹住沙袋，立即从起点跑到终点。若半途沙袋掉在地上，则需要重新用筷子夹起沙袋向终点跑去，谁先跑到终点谁就取得胜利。

游戏规则与玩法（二）

每个游戏者面前放一个塑料碗、一双筷子，塑料碗要比游戏者的数量多一个。最前面的碗里有一个玻璃球，坐在最前面的游戏者用手里的一双筷子去夹碗里的玻璃球，夹着后把它放在紧挨着他的游戏者面前的碗里，一次一次往旁边传，直到最后一位游戏者把他旁边碗里的玻璃球夹在他前面的碗里放好为止。如果游戏中间谁没有把玻璃球顺利地放在后面的碗里，或者把玻璃球夹掉者为输家。

游戏的目的和意义

1. 训练游戏者手腕的灵活性和巧用手劲的能力；

2. 锻炼游戏者的耐心。

适合年龄段

3 岁以上

安全指数：★★★★★
运动指数：★★
快乐指数：★★★
收集者：雷洪远、袁伟、袁媛、唐晋鱼

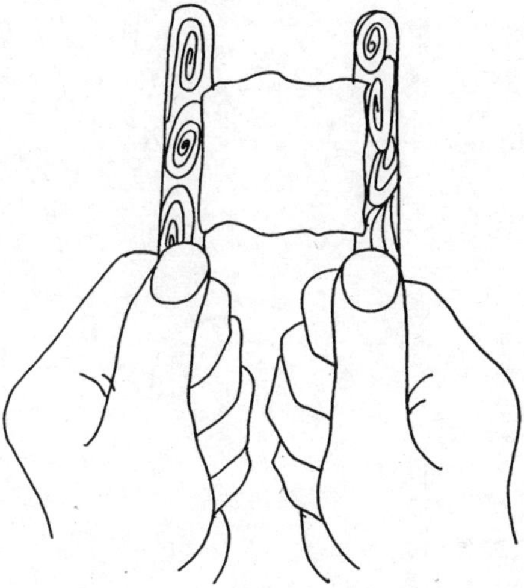

夹沙袋　绘图：申利丽

59. 三七步

材料准备

用粉笔画一条起点线。

游戏规则与玩法

有两人以上的游戏者才能进行游戏。所有人先站在起点线外，利用猜拳的方式决定一位输家，其余的人跨 7 步，输家跨 3 步，然后由输家选择任何一位赢家，开始猜拳，赢家赢了就往回跨一步，输家赢了就往前跨一步，直到输家能用膝盖碰到另一个游戏者，则另一人为新的输家，赢家若能成功地先回到起点线，则是新的赢家。或者输家能用手指碰触到任一个游戏者，则该游戏者游戏结束，输家继续抓其余的游戏者，直到全部抓完为止。

三七步　绘图：申利丽

游戏的目的和意义

1. 锻炼游戏者动作协调的能力；
2. 发展游戏者的机智能力。

适合年龄段

6 岁以上

安全指数：★★★

运动指数：★★★

快乐指数：★★★★

收集者：黎婷、黎瑜莉、李莹银、张菲

60. 打篾鸡蛋

材料准备

用柔韧的竹篾编成的“篾鸡蛋”，形如鸡蛋。在场地中央划一条中线或横置一根竹竿，以此为“河界”。

游戏规则与玩法（一）

又称“打篾球”、“打竹球”，多在春节期间进行。打篾鸡蛋方法常见有几种：一是在较宽的空院坝或野外空地上，人们自行分成两组，各站一方，人数不过十数人，在场中心划上一条“河”，用手掷或用脚踢，“篾鸡蛋”在双方人手中传递着，在空中时高时低，或远或近，并发出不同的声响，逗得人们玩得十分起劲，竹球在自己一方地界内丢失或落次数多者为输家。

游戏规则与玩法（二）

在荒山旷野进行，人数多少不限，不分组，先由1人将“篾鸡蛋”随意抛向远方，其余的人随之奔向“篾鸡蛋”落地的地方，谁先抢到后又接着抛出，人们在抢“篾鸡蛋”时，不顾一切滚成一团，谁抢得“篾鸡蛋”并抛出的次数越多，谁就是胜利者。人们只有把“篾鸡蛋”抢得四分五裂后，才坐下来休息。

游戏规则与玩法（三）

还有一种是在平坦的院坝或田坝举行，场中挖一个比“篾鸡蛋”大的圆坑为大窝，四周按参加人数少一人各挖一个小坑为小窝，大窝与小窝相距 2 米左右，每小窝站一人，以抽签决定 1 人为进攻者，各人执木棍或竹棍进行攻击或阻击。四周守小窝者只能用棍阻击，不得用手抛、脚踢或触及人体，阻拦者可离窝阻击，进攻者抢占其窝为胜，失窝者则被罚赶“篾鸡蛋”。进攻者如能冲破层层防线，将“篾鸡蛋”赶进大窝时，要高声喊“换窝了”，阻拦者全体失败。众呼换窝时，要重新抢占新窝，没占到窝者发球，新一轮比赛又开始。

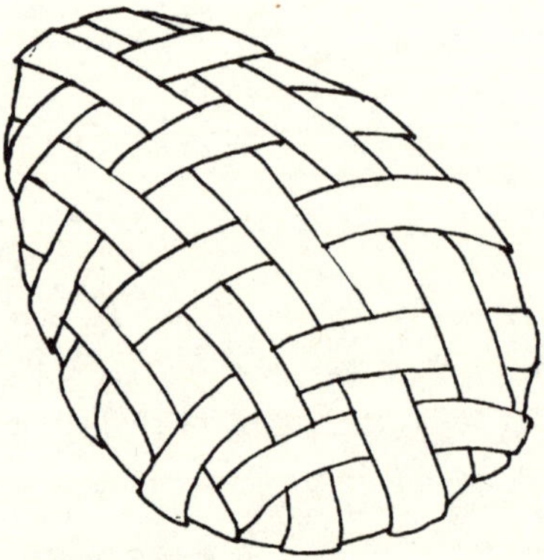

打篾鸡蛋　绘图：申利丽

游戏的目的与意义

1. 锻炼游戏者的力量和速度；

2. 培养游戏者机智、灵巧的动作和头脑。

适合年龄段

7 岁以上

安全指数：★★

运动指数：★★★★★

快乐指数：★★★★★

收集者：申健强、王文乔

61. 跨步令

材料准备

较宽阔的场地，用粉笔分别画一条起点线和一条终点线。

游戏规则与玩法

把所有游戏者平均分配，分成两组。再猜拳后决定输赢，赢家先跨一步，单腿立地，另外一只脚不能碰到地面。输家则站在线外，通过团结合作让其中手臂长的游戏者去拉跨一步的人（同伴可以扶住他或拖住他的腿等），手指接触到就算拉到了，如果把跨一步的人全部拉住了，则输家变为赢家，赢家变为输家，交换位置游戏继续进行。如果输家没有抓到跨出去的任何一人，则赢家用跨出去的相同的步数返回起点线，如果能够顺利返回后，则赢家继续游戏，只是这次连续跨两步，而输家只能跨一步。游戏根据输家能否抓到赢家不停的变化，以最先到达终点线的组为胜利者。

注意事项

1. 跨出去的游戏者需要单脚站立，如果双脚着地则为输，在游戏中也不能变换左右脚；

2. 输家如果没有抓到赢家的其中一人，当赢家跨回起点线时，如果没有按跨出去的相同步数跨回到起点线内，则赢家成输家。

游戏的目的和意义

1. 锻炼游戏者跨步能力，以及单脚站立的平衡性；

2. 培养游戏者的团结协作的能力。

适合年龄段

7 岁以上

安全指数：★★

运动指数：★★★★★

快乐指数：★★★★★

收集者：黎婷

跨步令　绘图：申利丽

62. 黏人（贴人）

材料准备

无

游戏规则与玩法

通过猜拳选出一名输家，输家开始去抓游戏者，游戏者当要被抓住时，可以去贴住其余正在跑的游戏者，则输家就不能抓。游戏者贴在一起的时间不能超过一分钟，输家如果抓到一个游戏者，则被抓到的游戏者就变成输家，去抓其他的游戏者，游戏继续进行。

黏人　绘图：申利丽

注意事项

当两个游戏者贴在一起时，如果另外一个游戏者也跑来贴着先前的两个游戏者，则两个游戏者的其中一人必须立即离开。

游戏的目的和意义

锻炼游戏者奔跑的速度以及反应的灵敏性。

适合年龄段

4 岁以上

安全指数：★★

运动指数：★★★★

快乐指数：★★★

收集者：黎婷

63. 蒙猫猫（神仙过海）

材料准备

一块不透明的丝巾。

游戏规则与玩法

选派一人充当蒙手，负责对游戏的解释。其余游戏者通过猜拳选出一名被蒙者，其他游戏者充当“神仙”，蒙手用丝巾蒙住被蒙者，其他游戏者依次从被蒙者面前走过，并做动作（任何动作均可），由蒙手根据游戏者的动作和神情做出相应的解释，但不具体到每个游戏者的名字。当所有游戏者做完动作后，由蒙手任选一个游戏者的动作让被蒙者猜测是谁做了这个动作，被蒙者有三次猜的机会，猜对的话，则被猜中者充当被蒙者，如果没有猜中，则还是由其继续充当被蒙者。

游戏的目的和意义

培养游戏者的推测能力和对同伴的了解程度。

适合年龄段

5岁以上

安全指数：★★★★★

运动指数：★★

快乐指数：★★★

收集者：黎婷、刘贵芳、唐雁丽、徐程程

蒙猫猫　绘图：申利丽

64. 推屎粑

材料准备

用大篮子装许多用竹篾编成的圆形的空心球体。

游戏规则与玩法

推屎粑游戏不受场地和人员的限制，在田间地头均可表演。人多就分为几组进行比赛，人少就相互交换角色比拼手力。竞技一方用脚钩住合作伙伴的腰部，双手则握住伙伴的脚踝；合作伙伴则两手撑住地，爬行而前。两人以此姿势合力将“粪球”推动，一般以推的距离远近定名次，或在规定距离内以用时多少分高下。

游戏的目的与意义

锻炼游戏者的手力和腰劲。

适合年龄段

6 岁以上

安全指数：★

运动指数：★★★★★

快乐指数：★★★★★

收集者：申健强、王文乔

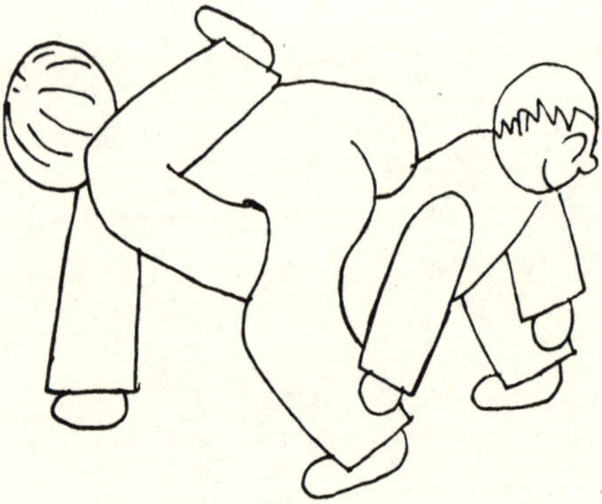

推屎粑　绘图：申利丽

65. 拍画片

材料准备

画片若干。

游戏规则与玩法

每人出若干张画片，看谁先把它们用一只手全都拍翻，每人每次只有一次机会，胜利者可以赢得全部画片。或者每人先拿出一张画片，谁先用手拍翻画片，谁就赢得被拍翻的画片，最后看谁赢得画片多为胜。

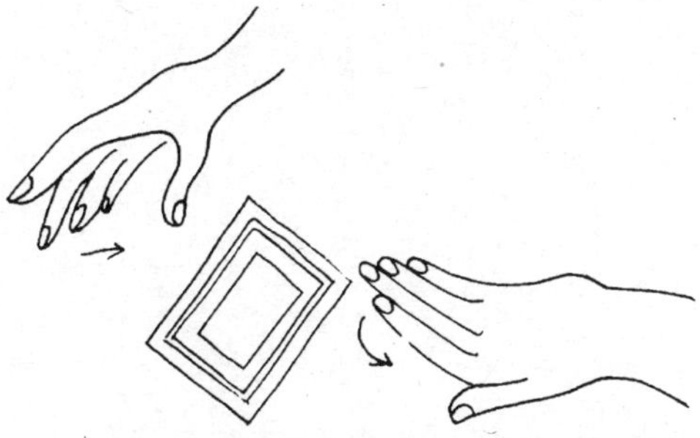

拍画片　绘图：申利丽

游戏的目的和意义

增强手腕的力量，以及用力的技巧。

适合年龄

7 岁以上

安全指数：★★★

运动指数：★★★★

快乐指数：★★★

收集者：李容香、陆谊谊、冉恒娥、徐程程、吴锟、吴敏、申丽

66. 打跪板

材料准备

小砖头、石头若干。

游戏规则与玩法

游戏分两组，两组首先用砖头或石头摆出一个类似人脸五官的样子，分别有鼻子、眼睛、耳朵、嘴巴，最远处有一个立着的石头，就叫做“大贼”。用石头剪子布确定哪组先砸，赢家从最近的部位用石头或小砖头开始砸起，赢一次就只能砸一次，按顺序砸，以此类推，最后先砸到“大贼”的一组为胜者。

游戏的目的和意义

训练游戏者眼睛和手部动作的协调性。

适合年龄段

7 岁以上

安全指数：★★

运动指数：★★★★★

快乐指数：★★★

收集者：李容香、陆谊谊、冉恒娥、司胜万

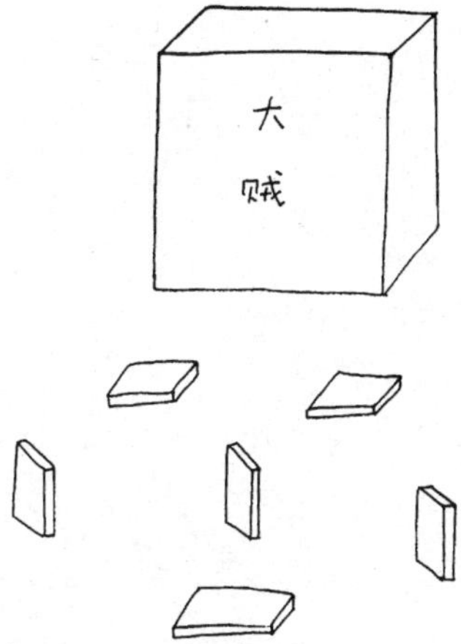

打跪板　绘图：申利丽

67. 摸　脚

材料准备

靠墙的乒乓球台一张。

游戏规则与玩法

选中一个游戏者站在乒乓球台上面，其余的游戏者站到乒乓球台的下面，下面的游戏者伸手去摸台上的游戏者的脚，如果摸到台上游戏者的脚，被摸到脚的游戏者与之交换角色。台上、台下游戏者都可以自由移动。

游戏的目的和意义

培养游戏者手、眼、脚的协调能力。

适合年龄段

6 岁以上

安全指数：★★★★

运动指数：★★★

快乐指数：★★★

收集者：廖王烽、李莹银

摸脚　绘图：申利丽

68. 二十四点

材料准备

一副扑克牌，一碗水，细纸条或便利贴若干。

游戏规则与玩法

四个人一组，把扑克牌平均分为四份，每人手中拿一份。每个人从自己手里随机抽出一张牌，总共就有四张牌，根据牌面上的数字运用加减乘除的方法来计算，计算的结果为二十四，每张牌只能用一次，不能重复使用。看谁算得又对又快，只要有一个人算出结果就可以把这四张牌“据为己有”，最后看谁手里牌最多谁就是赢家。赢家可以在输家的脸上贴一张便利贴或细纸条，输家不准自己把纸条取下来，直到纸条自动脱落为止。最后看谁的便利贴或细纸条最多谁就是最终的输家。如果四个人都算不出来，则各拿回自己的牌，重新抽一张牌开始计算。

游戏的目的和意义

培养游戏者的运算能力，提高游戏者计算的速度，锻炼其大脑的灵活性。

适合年龄段

10 岁以上

安全指数：★★★★★

运动指数：★

快乐指数：★★★

收集者：李自粉

二十四点　绘图：申利丽

69. 扮家家

材料准备

布娃娃、碎瓦片、水、泥土、火柴、花草、砖头、树叶若干，一个较封闭的场地，例如一间卧室、厨房、饭店等。

游戏规则与玩法

先用材料布置好场地，比如卧室、厨房等内应有的标志物。参与的人一般在两人以上，游戏者分别可以扮演爷爷、奶奶、爸爸、妈妈、哥哥、姐姐、弟弟、妹妹、卖菜的阿姨、卖饭的师傅等不同角色，其方式是模仿大人过日子。还可以邀请邻居家的游戏者来客串各种角色。

扮家家　绘图：申利丽

游戏的目的和意义

1. 有助于游戏者社会化的形成；

2. 培养游戏者的想象力和社会责任感；

3. 培养游戏者对生活角色的理解，以及怎样与他人沟通的能力。

适合年龄段

2 岁以上

安全指数：★★★★★

运动指数：★

快乐指数：★★★★

收集者：李自粉、吴次凡

70. 丢筐箩（抛绣球）

材料准备

用布制成的圆形绣球一个。

游戏规则与玩法

参加者平均分为两组，两组的人面对面站好，一边站一组的人。第一组先把绣球尽量往上抛，看哪一个游戏者能够最先接到绣球，该游戏者接过绣球后再把绣球重新往上抛，就这样反复进行游戏，最后看在规定的时间内哪组接到的绣球次数多哪组就赢。

注意事项

当拿到绣球后，抛球时尽量让自己队的人接着球，不让对方接着球。但不能拉着对方的手不让其接球。

游戏的目的和意义

1. 锻炼游戏者肌肉的发展以及手眼协调能力。

2. 有利于培养团队精神，也有助于帮助青年男女互相表达爱意。

适合年龄段

5 岁以上

安全指数：★★★

运动指数：★★★★

快乐指数：★★★

收集者：李自粉

丢筐箩　绘图：申利丽

71. 跑　框

材料准备

一块空旷的场地，用废弃的木条自制一个较大的四边形边框。

游戏规则与玩法

选出一个游戏者作为追逐者，其余的人都到边框内，游戏开始。跑框的人在边框的四周伸手去抓离框最近的人，框内人被跑框的人抓住身体的任何地方则变成跑框的人，而跑框的人则进入框内进行游戏，框内的人不得踩在框外或者跑出框外，否则变成跑框的人。

跑框　绘图：申利丽

游戏的目的和意义

培养游戏者的快速奔跑能力，提高游戏者的躲避能力。

适合年龄段

3 岁以上

安全指数：★★

运动指数：★★★★★

快乐指数：★★★

收集者：李自粉、刘欢

72. “抢蛋”

材料准备

在平地上，随手画一个大圆作为“蛋巢”，用竹篾编成的饼状“鸡蛋”3 个，把“鸡蛋”放在“蛋巢”里。

游戏规则与玩法

游戏中，护蛋员 1 人，抢蛋者 3 人。如果抢蛋者在抢蛋过程中被护蛋员膝盖以下的部位击中，则被击中的抢蛋员与护蛋员进行角色对换，或者被裁判员判出局。

3 个篾鸡蛋被抢完时，护蛋员就要被惩罚。游戏的惩罚名叫“追跛脚牛”，被惩罚者双手和一只脚触地，一只脚后抬平被抱住，形如跛脚牛一样被队员们赶着向前走。

护蛋员若 3 分钟内能护住篾鸡蛋不被抢完，那么 3 个抢蛋者则要被护蛋员惩罚“追锁链跛脚牛”：第一头“牛”的一只脚挂在第二头“牛”的肩上，第二头“牛”的一只脚又放在第三头“牛”的肩上，护蛋员抱住最后一头“牛”抬起的一只脚，“赶”着向前走。

游戏的目的与意义

1. 锻炼游戏者身体动作的灵敏性；
2. 培养游戏者机智、灵巧地闪躲能力。

适合年龄段

7 岁以上

安全指数：★

运动指数：★★★★★

快乐指数：★★★★★

收集者：申健强、王文乔

“抱蛋”　绘图：申利丽

73. 筛锣（拉大锯）

材料准备

一块干净、柔软的草地。

游戏规则与玩法

游戏者可平均分成两队。游戏双方两两对坐，两腿伸直，脚掌与对方的脚掌相抵，手指互勾，手互拉，然后游戏者的身体轮流尽可能向后仰，再凭借对方的拉力起来，整个过程中脚不能离开地面。这样双方一俯一仰犹如“船工划船”，一来一往即似“两人在拉大锯”，可配上儿歌：“拉大锯，拉大锯，锯木头，盖房子，姥姥家，唱大戏，接姑娘，请女婿，小外甥，你也去。”

游戏的目的和意义

可锻炼游戏者手、脚、腰部的力量。

适合年龄段

3 岁以上

安全指数：★★★★★

运动指数：★★★★

快乐指数：★★★★

收集者：刘飞、卢凤菊、潘世银

筛锣　绘图：申利丽

74. 架大炮

材料准备

较平坦、开阔的场地，用粉笔画出一定的活动区域。

游戏规则与玩法

游戏者先猜拳划出输家两个（游戏人数多的话可划出四个）。两位输家面对面双手相握，一边的手放在另一边的手上两人架成“大炮”状，其他的人在区域内自由跑动，当“大炮”方向对准谁进行开炮时，其余的人要躲闪开来，“打”到的游戏者则站在区域外直到再打到另一个游戏者，然后组成新的组合继续游戏。

架大炮　绘图：廖王烽

游戏的目的和意义

1. 让游戏者在游戏的过程中锻炼躲闪的能力；
2. 可以学会与他人合作的能力。

适合年龄段

4 岁以上

安全指数：★★★★

运动指数：★★★★

快乐指数：★★★★

收集者：刘桂芳

75. 拉　绳

材料准备

较粗的绳子、口哨、彩色塑料圈若干，开阔的空地。

游戏规则与玩法

以小组形式进行游戏，每个小组共4个游戏者。先将两条绳缠成十字，4个绳端各结一个环扣，以便于用手握住。4个游戏者背对背站立，用手紧握绳端的环扣，事先在每个人的前方2米处各放一个彩色塑料圈，等口哨声发出后，4个游戏者各自立即用力向前拉绳，尽全力用一只手去抓自己正前方的彩色塑料圈，首先拿到彩色塑料圈者为胜。

游戏的目的和意义

1. 通过游戏进一步培养游戏者不怕困难、敢于拼搏的精神；
2. 鼓励并激发游戏者在玩绳中的创造性。

适合年龄段

7岁以上

安全指数：★★

运动指数：★★★★★

快乐指数：★★★

收集者：罗媛

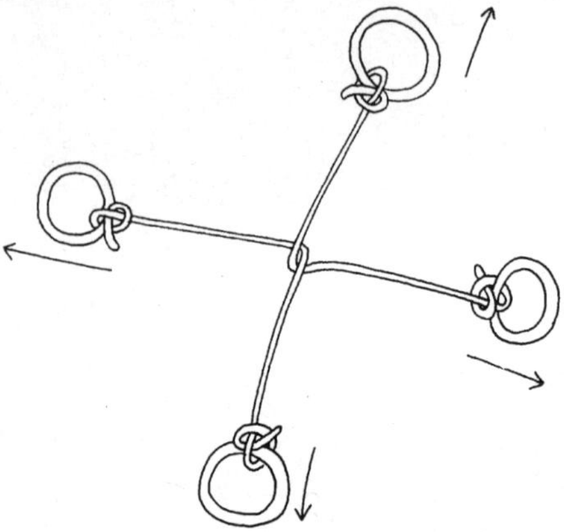

拉　绳　绘图：申利丽

76. 接子龙（舞龙）

材料准备

开阔的场地。

游戏规则

在游戏中选一位游戏者当“龙头”，一位游戏者当“龙尾”。其余游戏者一个接一个地拉身前一位游戏者的衣摆，接在龙头后面做龙身，然后听音乐做动作，龙头带着龙身及龙尾左右移动、盘旋，注意龙身不要脱节，否则就得重来。

接子龙　绘图：申利丽

游戏的目的和意义

1. 提高游戏者的反应能力和动作的灵活性。

2. 培养游戏者的团队精神。

适合年龄段

2 岁以上

安全指数：★★★

运动指数：★★★★

快乐指数：★★★★

收集者：罗媛

77. 走大鞋

材料准备

用竹子或木板和宽牛筋自制的大鞋若干，用粉笔画的长长的起点线和终点线各一条。

游戏规则与玩法

把游戏者分成若干组，2～3 人一组，都先穿上自制的大鞋，游戏者必须站在起点线上，随着游戏开始，同时迈出同一只脚并保持身体平衡，一起努力协调地向前走，任何游戏者的鞋掉后都需要重新穿鞋继续走，在最短的时间里到达终点线的一组为胜。

走大鞋　绘图：廖王烽

游戏的目的和意义

发展游戏者的平衡能力以及相互协作的精神。

适合年龄段

3 岁以上

安全指数：★★★

运动指数：★★★★

快乐指数：★★★★

收集者：罗媛

78. 挑急急令（跑马成）

材料准备

一块平坦的场地。两条用粉笔画成的平行直线，之间相隔 10 米左右。

游戏规则与玩法

游戏者平均分为 2 个队，每队 5 人左右，一个队所有的人要手紧拉着手排成一排，站在自己一方的界限（一条直线）后，另一方则手拉手站在另一条直线后。这时候，一方要向另一方挑战并唱儿歌："急集令，跑马成，马城开，打发妞妞送马来，要哪个？要红缨，红缨不在家，要你青格萨，青格萨不会喝酒，要你大青狗，大青狗不会吃食，要你小叫驴，小叫驴不会拉磨，要你干草垛，干草兵刀，我的兵马由你跳。"然后挑战方要向对方"点将"（点一个游戏者的名字），被点中的那个人要鼓足勇气朝挑战方队伍冲过去，如果能够冲破对方的阵脚（拉着的手脱离开了），就可以俘虏对方一个人归入自己的队，反之则会被对方扣留，游戏的最后，以人多的一方为胜。

挑急急令　绘图：申利丽

游戏的目的和意义

1. 锻炼游戏者的语言表达能力；

2. 培养游戏者敢于拼搏的精神，增强游戏者面对困难的勇气。

适合年龄段

4 岁以上

安全指数：★★★★

运动指数：★★★★★

快乐指数：★★★★★

收集者：罗媛

79. 木头散窝

材料准备

画出一块长约20米、宽约10米的场地作为“战场”，两头分别划出边长为1.5米的正方形场地为各自的“窝”，在“窝”里各插上一面小红旗。

游戏规则与玩法

把游戏者平均分成两队，各自进入自己的“木头散窝”中，队长两队各1人，护旗手两队各1人，其他人皆是各队的进攻“卫士”，游戏开始。各队“卫士”跑到战场上相互追逐，谁被对方拍到肩则成为对方的“战俘”，被胜利者押回他们的“木头散窝”中，等待自己的战友来救援（即由自己的战友到对方的“木头散窝”里与“战俘”拍手，拍到了就算救援成功），最后以占领他人的“木头散窝”、拿下对方小红旗换上自己小红旗的那一方为胜。

游戏的目的和意义

1. 发展游戏者腿部的肌肉，锻炼其反应能力；

2. 有利于形成团结合作的精神。

适合年龄段

3岁以上

安全指数：★★★★

运动指数：★★★★

快乐指数：★★★★

收集者：潘世银、周丽

木头散窝　绘图：申利丽

80. 玩弹弓

材料准备

扁平的橡皮筋一条，“V”形的树杈一个，小石子若干，一块开阔的场地。

游戏规则与玩法

把橡皮筋拴在树杈上，就可以开始用橡皮筋夹着石子往远处射，谁把石子射得最远就算谁赢。或者以一个较大的目标为准，谁先射到谁就赢。

游戏的目的和意义

提高游戏者眼力的准确度，发展游戏者动作的协调性。

适合年龄段

6岁以上

安全指数：★★★

运动指数：★★★★

快乐指数：★★★

收集者：刘欢

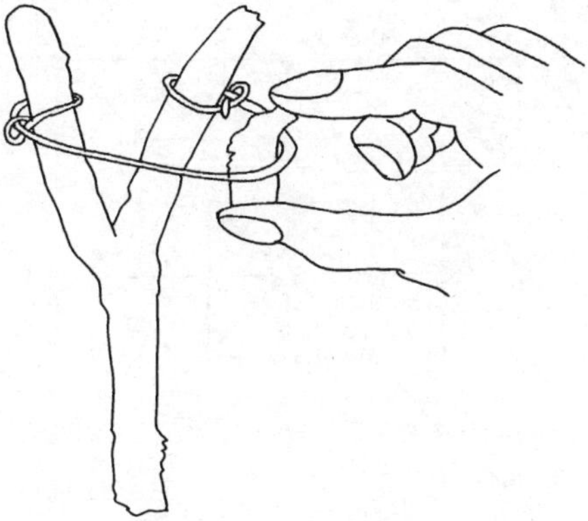

玩弹弓　绘图：申利丽

81. 三三棋

材料准备

画出棋盘，小石头或小木棍若干。

游戏规则与玩法

游戏者由两人组成，用小石头或小木棍当棋子。棋盘由 3 个大小不等的正方形按重心合套在一起，棋盘如下图所示。对弈双方各执 12 枚棋子，双方棋子应有所不同，以便于能够区别。对弈时，双方轮流布子儿（线条交叉的地方为棋眼即着棋的地方），谁的子儿走成了三子一线时，谁就能去掉对方一枚棋子，当一方的子儿再也无法走成三子一线或无路可走时为输。

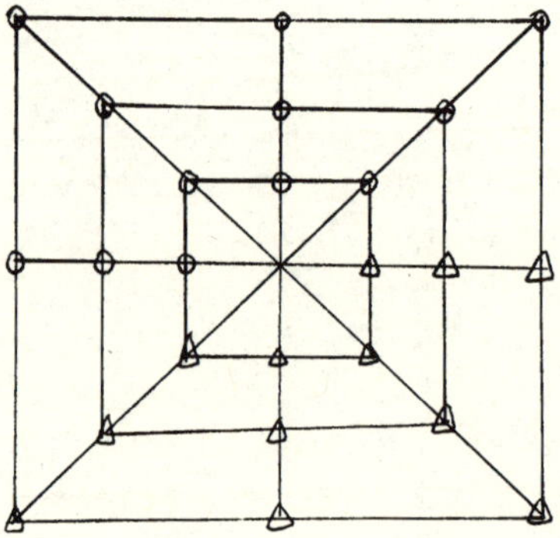

三三棋　绘图：申利丽

游戏的目的和意义

锻炼游戏者的智力，引发思考，开拓思维，益智。

适合年龄段

5 岁以上

安全指数：★★★★★

运动指数：★

快乐指数：★★★★

收集者：潘世银

82. 学斗牛

材料准备

在地上画出相距约3米的平行直线（用粉笔或彩色石头）。

游戏规则与玩法

先从游戏者中挑选出一名当裁判员，然后将其余的游戏者平均分为两队。比赛开始时，两队各派一人进入平行线内，裁判员发出命令后，游戏双方可用肩、腿或头轻轻地撞击对方身体各部位，对方可以躲避，也可以用其他部位反过来去撞击，双方不准用手推，也不准伤人，被挤出平行线外即淘汰出局，被淘汰者所在队再派另一个游戏者参加，直至被淘汰出局或把对手挤出平行线外，最后不被全部淘汰的一队获胜。

游戏的目的和意义

让游戏者在愉悦的游戏气氛中达到锻炼身体的目的，也培养了团队合作意识。

适合年龄段

4岁以上

安全指数：★★

运动指数：★★★★

快乐指数：★★★

收集者：潘世银

学斗牛　绘图：申利丽

83. 捡骨头子

材料准备

乒乓球 1 个，骨头子（猪或羊的踝骨）4 个。

游戏规则与玩法

该游戏需要两个以上的参与者。首先猜拳决定谁先开始捡，胜者将乒乓球与骨头子同时扔在地上，然后一手接起弹起来的乒乓球，与此同时，另一手要去把一个骨头子捡起来，等 4 个骨头子都捡起来后，再次将 4 个骨头子同时撒在地上，然后一边接起弹起来的乒乓球，与此同时，要去翻骨头子中的一个指定的面（骨头子有 4 个不同的面），最先翻完 4 个骨头子的四面即为赢家。

游戏的目的和意义

1. 锻炼手的灵敏性和思维的敏捷性；
2. 锻炼手和眼的协调一致。

适合年龄段

7 岁以上

安全指数：★★★★★

运动指数：★★★★

快乐指数：★★★★

收集者：申丽

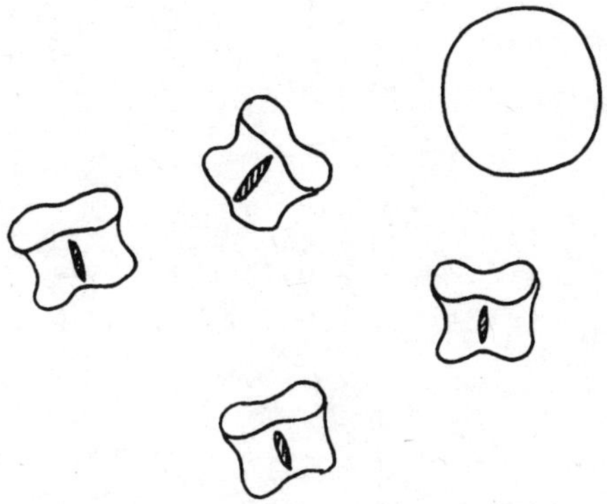

捡骨头子　绘图：申利丽

84. 搭桌子

材料准备

无

游戏规则与玩法

至少 4 个游戏者参加。游戏者依次把自己的一只脚搭在前面游戏者的一只脚上，4 人组成一个圆圈，在前进的过程中可以念儿歌。嘴里一边念着儿歌：“搭、搭、搭桌子，跳、跳、跳房子；谁的桌，喜酒桌，谁的房，新郎的房”，单脚一边跳着绕圈前进。坚持不住者为输家。

搭桌子　绘图：申利丽

游戏的目的和意义

1. 锻炼单脚跳的能力及身体的协调性；

2. 培养团队合作精神，感受游戏的快乐。

适合年龄段

6 岁以上

安全指数：★★★

运动指数：★★★★

快乐指数：★★★

收集者：申丽

85. 扒杏胡米（打杏核）

材料准备

干的杏核若干。

游戏规则与玩法

两个参与者为一组，首先猜拳决定谁先打。游戏开始时，将所有杏核一起撒在地上或桌上，先打者任选定一颗杏核，在和它最近的杏核中间画一条线，推动选定的杏核去打最近的这颗，正好击中就可以捡起这两颗中的其中一颗据为己有，在捡杏核的过程中，只能动要捡的那颗，动了其他的就是犯规，最后看谁手里的杏核多就为赢家。

游戏的目的和意义

1. 锻炼眼力和手指的敏捷性；

2. 培养变废为宝的意识。

适合年龄段

5 岁以上

安全指数：★★★★

运动指数：★★★

快乐指数：★★★★

收集者：申丽

扒杏胡米　绘图：廖王烽

86. 滑　冰

材料准备

较长的扁竹片一根。

游戏规则与玩法

把竹片一头用火烤了拧成直角，较长的一端作扶手用，在下雪天里，找一个比较缓的山坡，把脚踩在较短的竹片上，手扶着较长的一端就可以滑冰了。这个游戏难度高，开始的时候要找较平缓的坡，并注意前面是否有障碍物。

游戏的目的和意义

1. 训练游戏者四肢的协调能力，促进肌肉的发展；

2. 锻炼游戏者的胆量。

适合年龄段

7 岁以上

安全指数：★

运动指数：★★★★★

快乐指数：★★★

收集者：申丽

滑冰　绘图：廖王烽

87. 栽瓜种瓜

材料准备

小石头 1 颗。

游戏规则与玩法

在所有参加游戏的人中，选出两个站在旁边，其余的挨着坐成一排，坐着的人把手放在膝盖上，呈捧着某样东西时的手势。站着的游戏者中，一个手里拿着石头，当一个“栽瓜人”，做好栽瓜的准备，另一个注意观察。游戏开始时，栽瓜人一边从坐着的人前面慢慢走过，一边唱儿歌：“栽瓜种瓜，葫芦籽杨尖花，你估我的金子银子在哪家?”边唱边假装做出放石子的动作，在每个坐着的人手里点一下，每个坐着的人的手都要闭合，装作手里拿到石子的样子，但是石子只能真实地放在其中一个人的手里，其他的人都只是假装放，最后由另一个站着的游戏者猜石头到底放在了谁的手里，三次猜中者为胜，猜不中者为输家，继续猜。

游戏的目的和意义

培养游戏者敏锐的观察力和判断力。

适合年龄段

5 岁以上

安全指数：★★★★★

运动指数：★

快乐指数：★★★★

收集者：唐岚

栽瓜种瓜　绘图：申利丽

88. 捆手帕

材料准备

两块手帕。

游戏规则与玩法

在游戏者中选两名出来捆手帕，其余的人手拉着手站成一个圆圈。游戏开始，两个负责捆手帕的游戏者同时把手帕分别捆在任意两个人的手上，捆好后就开始跑开，然后两个捆手帕者互相追逐，转一圈后再跑到系有手帕的游戏者前面，迅速地把手帕解下来，捆到相邻的另一只手上，先完成者为赢家。

注意事项

熟练的绑手帕法是把手帕从手腕后一搭过来，然后单手一绑一扣，就成了一个活结，再一拉结扣，手帕就解开了。

游戏的目的和意义

此游戏不仅考验游戏者的运动能力，还能锻炼手的灵巧性。

适合年龄段

5 岁以上

安全指数：★★★★

运动指数：★★★★

快乐指数：★★★★

收集者：唐岚、曾令娟

捆手帕　绘图：申利丽

89. 转袍萝

材料准备

气球、废旧的毛线、旧袜子若干。

游戏规则与玩法

首先，把气球吹大些，把毛线轻轻地、均匀地缠在气球上，最后用袜子上的细线把气球上的毛线再缠住，这就是一个袍萝。然后把参加玩的人平均分成两队，用猜拳决定哪一队先开始。游戏开始后，站着的人手里拿着袍萝，拍一次袍萝，然后就开始转，从左边转或右边转都行，但是要转360度，继续再次拍袍萝，如果游戏者在原来的位置没动，那么就要记住转的圈数，最后在规定的时间内看哪一队转的圈数多为胜。

转袍萝　绘图：申利丽

游戏的目的和意义

1. 提高游戏者手眼协调的能力，以及学会尽快保持身体的平衡；

2. 培养游戏者动手能力，学会自制玩具，加强团队合作的精神。

适合年龄段

5岁以上

安全指数：★★★★★

运动指数：★★★★

快乐指数：★★★★

收集者：唐岚

90. 牛筋舞

材料准备

一只空碗，蒸笼一个，约一尺的熟牛筋一根，几根筷子。

游戏规则与玩法

老人得病康复后，亲人们喜跳此舞，表示祝贺。由老人的大女婿为主跳人，其他女性晚辈作陪跳。主跳人背着装有一只空碗的蒸笼，右手持约一尺的熟牛筋，在堂屋绕圈行舞。陪跳者各持一根筷子跟在其身旁，看准时机用筷子敲打笼中的空碗。敲中者算赢，主跳人就得喝一杯酒。若筷子被主跳人用牛筋打落地，敲者便被罚喝一杯酒。最后，由主跳人将手中的熟牛筋和几斤新鲜牛肉献给老人，祝愿他像牛筋那样坚韧强劲，健康长寿。

游戏的目的与意义

1. 锻炼游戏者的灵巧性；

2. 增进人与人之间的感情。

适合年龄段

18 岁以上

安全指数：★★

运动指数：★★★★★

快乐指数：★★★★★

收集者：申健强、王文乔

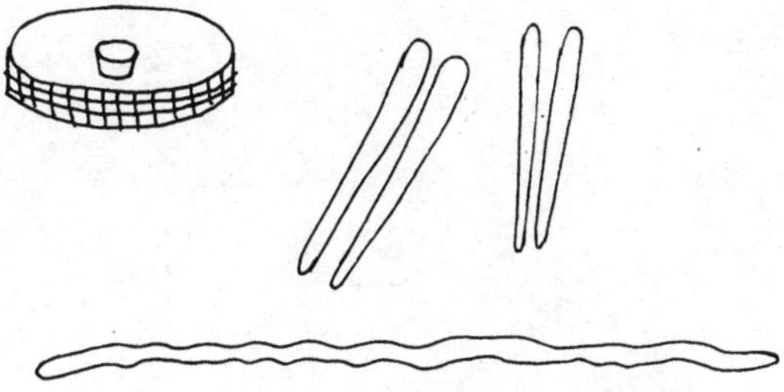

牛筋舞　绘图：申利丽

91. 扯老虎

材料准备

一根长线，两块竹片（尽量薄些）。

游戏规则与玩法

分别在两块竹片的相同位置上钻一个洞，把线从洞中穿过，然后两只手分别捏住线的两端，往里面甩，使线成麻花状，最后两手一伸一缩的把线拉直或弯曲，在拉直和弯曲的过程中，竹片会发出像老虎一样的叫声。也可以用薄的片状物代替竹片，如纸板等。

游戏的目的和意义

锻炼游戏者的动手能力，以及手臂的力量。

适合年龄段

4 岁以上

安全指数：★★★★

运动指数：★★★

快乐指数：★★★★

收集者：唐岚

扯老虎　绘图：廖王烽

92. 扑克牌分类

材料准备

扑克牌一副（把扑克牌中的一对王找出来舍弃）。

游戏规则

4个或4个以上的游戏者坐在一起，首先每人分发4张牌，第一个被发牌的人再摸一张牌，然后将手中的牌让第二个人抽取一张牌，以此循环进行，直到其中抽到4张相同数值的牌为胜，例如是4张K，胜利的人会以他自己的方式暗示别人他赢了，那么其他的人必须跟着他发出的信号做同样的事情，如尖叫等，最后一个反应的人就会受到惩罚。

游戏的目的和意义

1. 促使游戏者的手、脑、眼的灵活性、协调性的提高；
2. 消除在生活学习中的紧张压抑的情绪。

适合年龄段

6岁以上

安全指数：★★★★★

运动指数：★

快乐指数：★★★★★

收集者：唐小勇、王蕾

扑克牌分类　绘图：申利丽

93. 说数抱团

材料准备

一块适宜的场地（如草坪、沙滩等）。

游戏规则与玩法

从游戏者中选出一个作为“说数者”，其他人则先随意而站。当说数人突然说出（声音要大）任一个数字，例如“4”（根据同伴数量选取数字，一般为2、3、4、5）时，其他人听到数字后，立即找距自己最近的其他相邻三个同伴抱成团，没有抱成团或者抱团人数不对的游戏者为输。

注意事项

1. 抱成团的人数只能与说数人说出的数字相同，所找的相邻同伴必须最近，并且不能强行拆散已抱成团的同伴。

2. 抱团的方式任意选择，可以聚在一起，可以相互拥抱，也可以手拉手或肩靠肩等。

游戏的目的和意义

1. 培养游戏者的反应能力；

2. 有利于游戏者深入理解数的分解与组合；

3. 促进协作能力的发展。

适合年龄段

4岁以上

安全指数：★★★★★

运动指数：★★★
快乐指数：★★★★
收集者：唐小勇

说数抱团　绘图：申利丽

94. 穿越隧道

材料准备

草坪或类似场所。

游戏规则与玩法

首先挑选出一个游戏者作为“头”，并将全部游戏者平均分成A、B两组（每队组员总数以奇数为宜，本规则中以单组组员总数为7陈述）。A组成员两两面对站立，手拉手形成拱形“隧道”

（拱形间距50厘米），并以纵队排列，单个组员a站于队尾，以同样方法安排B组（队尾组员为b），且与A组纵队平行。“头”下“开始”的命令后，a、b两人开始爬过“隧道”，到各自队头后举手示意下一个成员开始爬，并且站于队头与爬过来的组员手拉手再形成新的拱形，其余组员活动方式相同，直至各组组员都爬过一次为止（注意只能以“爬行”的方式通过“隧道”，不能跑），爬行时间短者为胜队。

游戏的目的和意义

1. 培养游戏者手脚协调能力；

2. 培养游戏者的合作意识，发展同伴关系。

适合年龄段

3岁以上

安全指数：★★★★

运动指数：★★★★

快乐指数：★★★

收集者：唐小勇

穿越隧道　绘图：廖王烽

95. “触　电”

材料准备

用粉笔在空地上画一个圆圈，小石块若干。

游戏规则与玩法

游戏者选一个人站在画好的圆圈内，其他圈外的人负责往圈内扔石块，圈内的人要在最短的时间内把石块捡起来放在圈外，捡完后去追扔石块的人，被追上的人需要呆在圈中，如果有人把石块踢进圈内，那么这个人需要继续追赶其他人。

“触电”　绘图：申利丽

游戏的目的和意义

提高游戏者的反应能力和判断能力。

适合年龄段

8岁以上

安全指数：★★★

运动指数：★★★★

快乐指数：★★★

收集者：唐雁丽

96. 高台舞狮

材料准备

8~12张大方桌，并且层层叠起，“狮子”的外形材料一套（包括狮头、狮身）。

游戏规则

游戏者一般需要4人以上，这4个游戏者一般同时登台进行游戏表演。两人扮作“狮子”，一个扮演“狮头”，一个装作“狮身”，只露两只脚在外。另外2人装扮成“孙猴”和“笑脸和尚”。“孙猴”和“笑脸和尚”逗引“狮子”逐层攀上高台，直至顶端，动作十分精彩又滑稽可笑。

游戏的目的和意义

锻炼参与者的胆识和机智，以及身体各部分的配合与协调的能力。

适合年龄段

16岁以上

安全指数：★★

运动指数：★★★★★
快乐指数：★★★
收集者：唐正中

高台舞狮

97. 骑　马

材料准备

平坦而干净的地板，并铺上软垫，粉笔画好的起点线和终点线各一条。

游戏规则与玩法

把游戏者按每组 2 人（身高、体重相仿）进行平均分配。一人双手着地，身子俯下成弓形，另一人骑在其身上，脚可以着地。开始游戏时各组同时从起点线往终点线爬去，在爬的过程中，骑着的游戏者口里喊着“驾!”“驾!”，到达终点后两人交换角色，继续从终点线爬到起点线，最先到者为胜利。

游戏的目的和意义

1. 培养游戏者的合作意识；

2. 有助于促进游戏者四肢协调。

适合年龄段

8 岁以上

安全指数：★

运动指数：★★★★

快乐指数：★★★

收集者：田承瑜

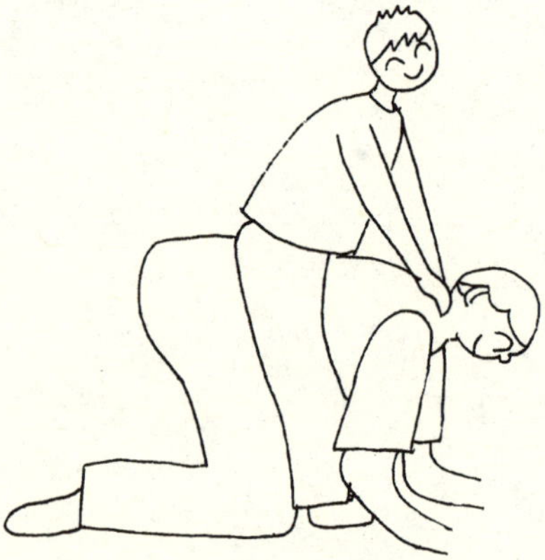

骑马　绘图：廖王烽

98. 掷泥巴

材料准备

稀泥巴，马尾草，长约1米、宽约1米光滑的立着的石板（上边画着从大到小的同心圆若干）1块，距离石板3米用粉笔画一条笔直的线。

游戏规则与玩法

游戏者站在距离石板2~3米的线外，将捏成各种形状的插有马尾草的稀泥巴向石板上的圈内掷去，如果稀泥巴掷在越小的圈内就赢，反之则输。

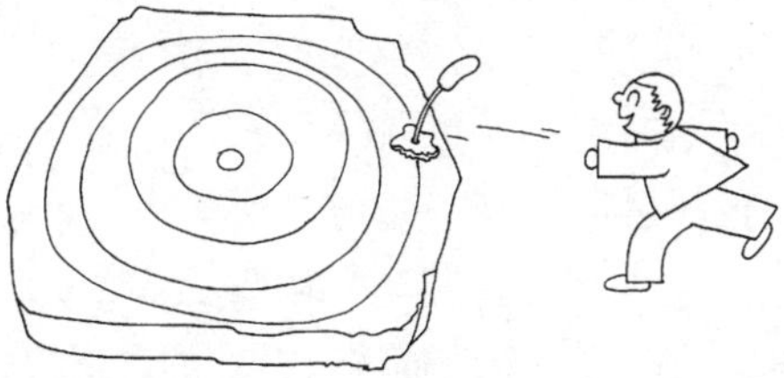

掷泥巴　绘图：申利丽

游戏的目的和意义

锻炼游戏者手、眼协调能力以及手臂的投掷力。

适合年龄段

6岁以上

安全指数：★★★★
运动指数：★★★★
快乐指数：★★★★
收集者：王蕾

99. 翻贝壳

材料准备

小贝壳若干，一块平坦而又干净的场地。

游戏规则与玩法

每个游戏者将自己所拥有小贝壳中的任意一些小贝壳放在一只手里并藏在身后，口中同时喊到“斗多斗得头”（也就是谁的贝壳多谁就优先）的口号，然后伸出手，谁手里贝壳最多谁就拥有优先权利，数量相同的游戏者再通过猜拳分胜负，胜出者把其他游戏者出的小贝壳与自己出的小贝壳一起随机洒在地上，接着，该游戏者先把那些背面向上的小贝壳捡起来，收归己有，再用一只手指把那些中间凹起的小贝壳一次一个地翻过来，被翻过来的小贝壳也是自己的战利品。待所有凹起的小贝壳全部翻过来后，游戏可按先前的程序继续进行。如果游戏者不能全部把那些凹起的贝壳一次一个翻过来，则只拿走自己一次翻过来的小贝壳，其他游戏者接着翻凹起的小贝壳，并据为己有，直到所有的小贝壳分配完为止，游戏又可按先前那样的程序接着玩，最后看谁赢的贝壳多谁就为最终的胜利者。

注意事项

1. 游戏者翻动贝壳时不管是手还是小贝壳都不能碰到其他的小贝壳；

2. 游戏者用指头翻时，只能一次完成，否则算失败。

游戏的目的与意义

1. 有助于游戏者精细动作的发展，培养其耐心、细心的性格；

2. 有助于游戏者视力的发展。

适合年龄段

3 岁以上

安全指数：★★★★★

运动指数：★★

快乐指数：★★★★

收集者：王蕾

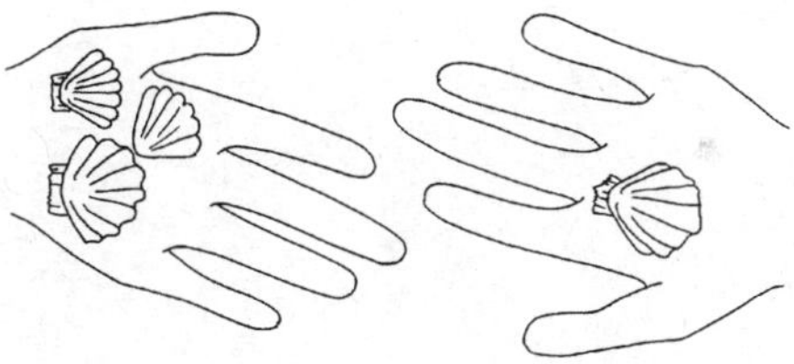

翻贝壳　绘图：申利丽

100. 摘　跪

材料准备

游戏者每人准备 2 块不薄不厚的石板，并在每块石板上写上自己的名字（用粉笔或煤炭），一条用粉笔或煤炭画成的直线，一块比石板稍大的石头。

游戏规则与玩法

每个游戏者将自己的2块石板立在距离直线2~3米的地上，然后所有游戏者通过猜拳来决定谁先玩。赢者站在直线上，用专门找来的石头朝立着的石板掷去，每人只有3次机会，若写有某个游戏者名字的石板倒了一块，该游戏者就要单膝跪下，直到全部游戏者掷3次结束。若写有某个游戏者的两块石板都被掷倒，那么这个游戏者要把掷石头的机会让给其他游戏者，游戏者3次机会用完后可再次按之前的程序重新进行游戏。

摘跪　绘图：申利丽

游戏的目的和意义

1. 锻炼游戏者的手臂力量和投掷的准确性；

2. 培养游戏者遵守游戏规则的意识，以及坚强的意志力。

适合年龄段

7岁以上

安全指数：★★★

运动指数：★★★★
快乐指数：★★★
收集者：王蕾

101. 打水仗

材料准备

自制的水枪。

游戏规则与玩法

游戏者将自己的水枪注满水，待开始的口令发出后，就可以用水枪进行相互间的攻击。

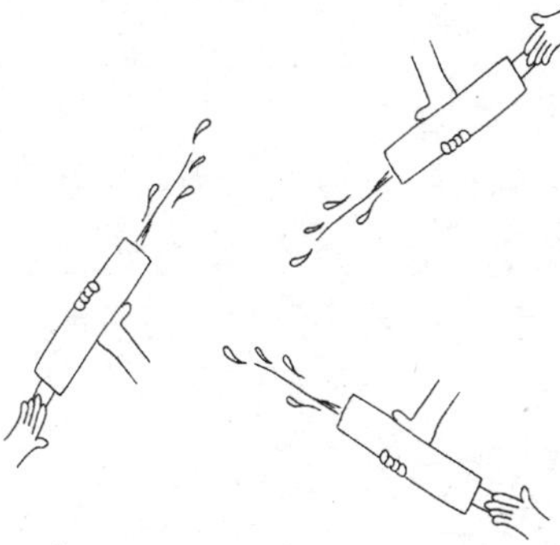

打水仗　绘图：申利丽

游戏的目的和意义

培养儿童的动手和反应能力。

适合年龄段

3 岁以上

安全指数：★★★

运动指数：★★★★

快乐指数：★★★

收集者：申利丽

102. 找中指

材料准备

无

游戏规则与玩法

2 个游戏者为一组。一人用其中一只手握住另一只的手指头，然后改变被包住的手指头顺序，只露出指尖让另一游戏者根据自己的判断找到中指，谁能够准确找到对方的中指即为胜利者。

游戏目的与意义

锻炼游戏者的推测和观察、判断能力。

安全指数：★★★★★

运动指数：★★

快乐指数：★★★★

收集者：王琦

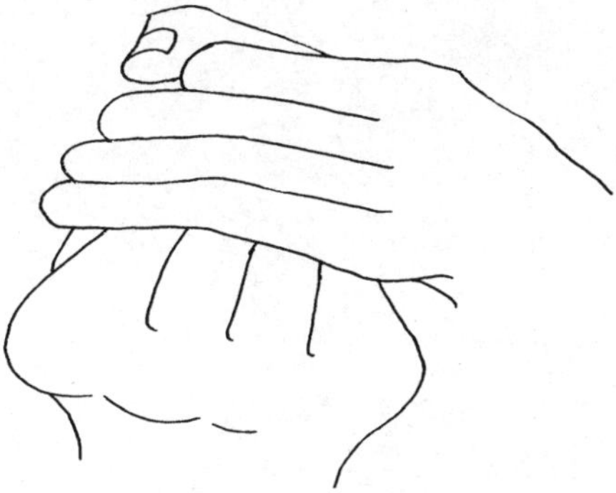

找中指　绘图：申利丽

103. 打秋千

材料准备

秋千架用两根木柱固定竖立在地上，两顶端之间架一根横木作梁。梁中间相距 1.2 尺处系两根绳索垂于地面，距地面一尺处系上木板，即成秋千。

游戏规则与玩法

活动时，游戏者站立在木板上，双手握绳索，利用腿的蹬弹力，时前时后，使秋千荡起来，或者坐于其上，由人推摇戏耍。秋千比赛分高度比赛和打铃比赛两种。打铃比赛则在秋千架前方高处横一条带铜铃的绳子，秋千一碰到绳子，铜铃就发生响声，谁碰的次数最多，谁就被认为是技艺高超；高度比赛则是看谁的秋千荡得高谁就赢。

游戏的目的与意义

锻炼游戏者的胆量和运动技巧。

适合年龄段

8 岁以上

安全指数：★★

运动指数：★★★★★

快乐指数：★★★★★

收集者：申健强、王文乔

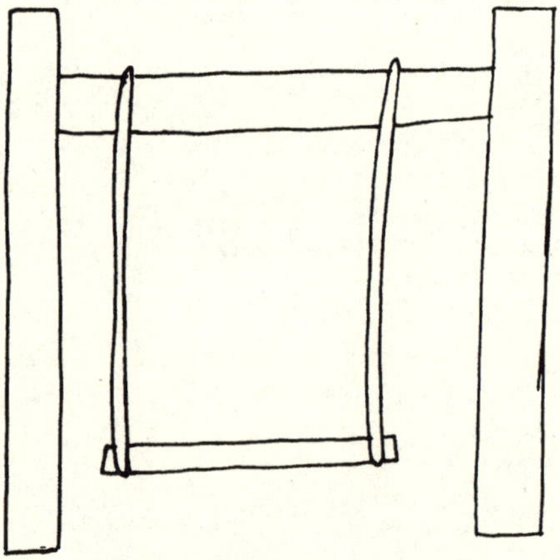

打秋千　绘图：申利丽

104. 猜头领

材料准备

无

游戏规则与玩法

1 人做猜头领的人，其余人暗自商量由 1 人做“头领”。游戏开始时，大家围坐或散座，一起拍手。然后头领伺机变换动作，大家要迅速模仿。猜头领人则认真观察，注意发现谁是变换动作的头领。一旦发现，就要由被发现者来做猜的人。游戏继续进行。

猜头领　绘图：申利丽

游戏的目的和意义

1. 培养游戏者动作的灵敏性、思维的敏捷性；

2. 有助于游戏者观察力的发展，推测能力的发展。

适合年龄段

4 岁以上

安全指数：★★★★★

运动指数：★★★

快乐指数：★★★★

收集者：王小燕

105. 拍山墙

材料准备

干净的墙壁一面。

游戏规则与玩法

参加者首先选出 1 人当拍墙的人，面对墙壁站好，其余人离墙 10 米左右。游戏开始后，拍墙的人面对墙一边拍，口里一边无规则地念“一、二、三”（可快可慢），其余人在他拍墙时迅速向前走，当“三”字数完，拍墙的人迅速回头，众人要在他回头时立刻停止不动，如果有人移动，被拍墙人发现，就要站到一边，退出游戏。如此往复拍墙、回望，直到有人走到拍墙人后面而未犯规者，做下一轮的拍墙者，游戏重新开始。

游戏的目的和意义

1. 培养游戏者的反应能力；
2. 有助于游戏者推测能力的发展。

适合年龄段

4 岁以上

安全指数：★★★★★

运动指数：★★

快乐指数：★★★

收集者：王小燕

拍山墙　绘图：申利丽

106. 小羊上山

材料准备

一块宽阔、平坦的场地。

游戏规则与玩法

选1~2名游戏者扮演“狼”，站在一边“山沟”里，其余游戏者扮演“小羊”，成一横排站在另一边“家”里，面向山坡（山沟方向）。游戏开始，“小羊”念儿歌：“小羊、小羊要上山，不怕老狼把路拦，跑得快来跨得远，我们团结又勇敢。”念完儿歌后，“小羊”向山坡上跑，遇到“山沟”要跨越过去，并躲闪“老狼”的拦截。若被“老狼”捉到则退出比赛，其余“小羊”重新开始游戏。“老狼”只能在山沟里拦截。

游戏的目的和意义

1. 帮助游戏者练习助跑、跨栏；
2. 培养游戏者灵敏机智的良好品德。

适合年龄段

7岁以上

安全指数：★★★

运动指数：★★★★

快乐指数：★★★

收集者：王小燕

小羊上山　绘图：申利丽

107. 小燕找窝

材料准备

燕子头饰，花环若干。

游戏规则与玩法

场地一端散放花环当“燕窝”，选择一个游戏者扮演“燕妈妈”，一个游戏者扮演“老鼠”，其余扮演“小燕子”者各占一个窝，游戏开始。“燕妈妈”说：“小燕子们，春天到了，天气暖和了，我们出来跳舞吧!”“小燕”跟着“妈妈”向场地另一端走去，边说儿歌边跳舞：“春天到了，天气暖和了，小燕子出来把舞跳。”这时，一只“老鼠”跑出来偷燕窝。当听到“妈妈”说：“下雨了，小燕子们快回家吧!”时，“小燕”迅速跑回家，进窝的小燕可请找不到窝的小燕到自己的窝里。接着“燕妈妈”领着“小燕”去抓

“小老鼠”，抓到“小老鼠”后，把“燕窝”拿回来重新放好，各个“燕子”回到自己的窝里。游戏反复进行。

游戏的目的和意义

1. 发展游戏者跑跳能力和反应的灵敏性；
2. 培养游戏者团结友爱、相互帮助的良好品质。

适合年龄段

4岁以上。

安全指数：★★★★

运动指数：★★★

快乐指数：★★★

收集者：王小燕

小燕找窝　绘图：申利丽

108. 猫捉老鼠

材料准备

沙包10～15个，粉笔画的大圆圈。

游戏规则与玩法

请两个游戏者扮演“猫”站在大圈内，另请游戏者人数的一半扮演“老鼠”，站在大圆圈外，其余游戏者站在大圆圈上手拉手做“篱笆”。游戏开始，“老鼠”要设法钻过“篱笆”偷“粮食”（沙包），偷到粮食后放在鼠洞（大圆圈外）里，“猫”要看守粮食，并追捉“老鼠”，被捉到的“老鼠”站在圈中，“老鼠”每次只能偷一个“粮食”（沙包），“猫”只能捉钻到“篱笆”内的“老鼠”，手拍到“老鼠”即为捉到。“猫”捉到全部的“老鼠”或者“老鼠”偷完全部的“粮食”即为胜利者。

游戏的目的和意义

1. 练习游戏者快速反应能力；

2. 培养游戏者机智勇敢的品行。

适合年龄段

4 岁以上

安全指数：★★★

运动指数：★★★★

快乐指数：★★★★

收集者：王小燕

猫捉老鼠　绘图：申利丽

109. 大地老鼠

材料准备

用粉笔在一块平坦的地上画一个正方形，画上对角线，5 个较光滑的小石子。

游戏规则与玩法

两人一组进行游戏。具体玩法是：把任意一个小石子当做一口“井”，放在正方形的任意一条边上。游戏双方在各自一边的两个角上摆上棋子，一次一步，轮流走棋。除了画“井”的那条线为死路不能走棋外，其他 7 条线均可走棋，但无论双方谁先走，第一步不能走“井”边上那条线的棋子。按照这样的规则，双方走棋，直到一方的棋子无路可走，只能走画“井”的死路，即分出胜负。

游戏的目的和意义

该游戏能锻炼游戏者的记忆能力和分析判断能力。

适合年龄段

6 岁以上

安全指数：★★★★★

运动指数：★

快乐指数：★★★★

收集者：廖王烽

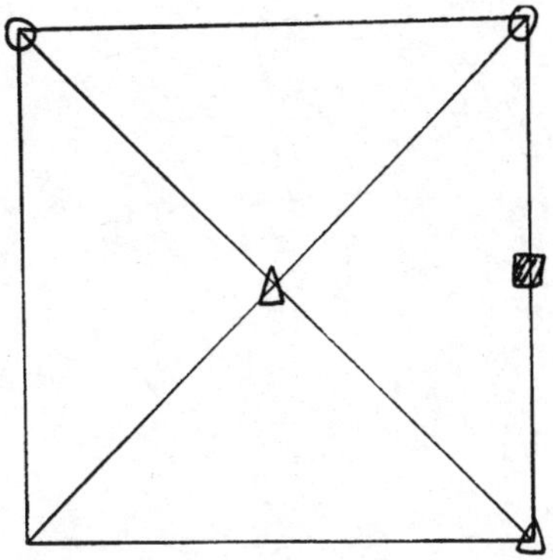

大地老鼠　绘图：申利丽

110. 抛花龙

材料准备

花龙是用竹篾编的球中装了些铜钱或者碎磁盘制成的，拍打或投掷时能发出悦耳的声音。一块开阔的场地。

游戏规则与玩法

比赛时不分队，先由一人抛掷“花龙”，其他参赛者去抢接，接到手后再抛掷出，在抛时要喊“抛花龙了”，谁接抛的次数最多，谁就是优胜者。

抛花龙　绘图：申利丽

游戏的目的与意义

1. 锻炼游戏者投掷的力量和速度；
2. 培养游戏者的机智和耐力。

适合年龄段

6 岁以上

安全指数：★★

运动指数：★★★★★

快乐指数：★★★★★

收集者：申健强、王文乔

111. 打巴巴鸡

材料准备

4 根较长的公鸡毛、玉米棒外壳、一根线、剪刀一把、边长为 4 厘米的方形硬纸板一块。

玩具制作方法

将方形纸板放在底部，然后用玉米棒壳包裹着，玉米棒壳多出去的部分用剪刀剪掉，然后插上 4 根鸡毛，用线绑紧就做成一个“巴巴鸡”。形状与羽毛球相似，只是羽毛球底部是圆形的，而“巴巴鸡”底部是方形的。

游戏规则与玩法

手巴掌就是“球拍”，可以一个人用手掌拍着玩，也可以两个以上的游戏者轮换拍着玩，以“巴巴鸡”的落地作为输赢的标准。也可以按照羽毛球的玩法来玩。

游戏的目的和意义

1. 有利于培养游戏者的空间定位能力和手眼协调的能力；
2. 有利于培养游戏者身体的灵活性。

适合年龄段

5 岁以上

安全指数：★★★★

运动指数：★★★★

快乐指数：★★★

收集者：温凯

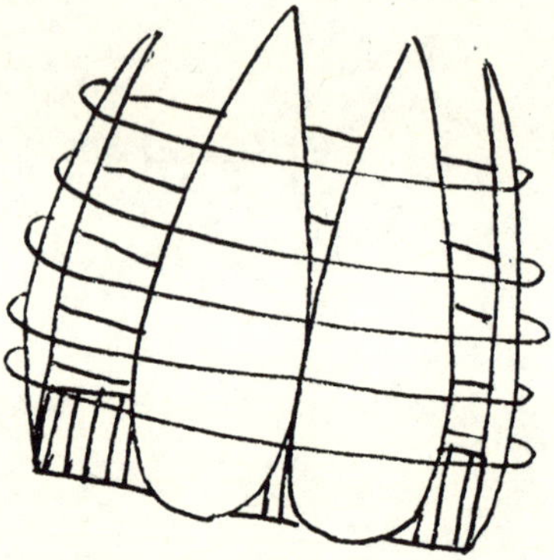

打巴巴鸡　绘图：申利丽

112. 堆馒头

材料准备

无

游戏规则与玩法

参加者一边念儿歌：“堆馒头，堆馒头，馒头堆得高，馒头堆的好，香喷喷，甜蜜蜜，吃得大家哈哈笑。”一边右手做握拳状，把大拇指伸出。第一人伸出拇指后，第二人握住第一人的拇指，伸出自己的拇指，第三人握住第二人的拇指……如此协调地一个个堆积上去，如果人数较少，到一定的高度后，第一人的手可抽出再堆上去，直到最高处为胜。

游戏的目的和意义

1. 帮助游戏者提高语言表达能力，以及手指的灵活性；
2. 有利于游戏者之间的协调、友好地共同游戏。

适合年龄段

3 岁以上

安全指数：★★★★★

运动指数：★

快乐指数：★★★★

收集者：吴次凡

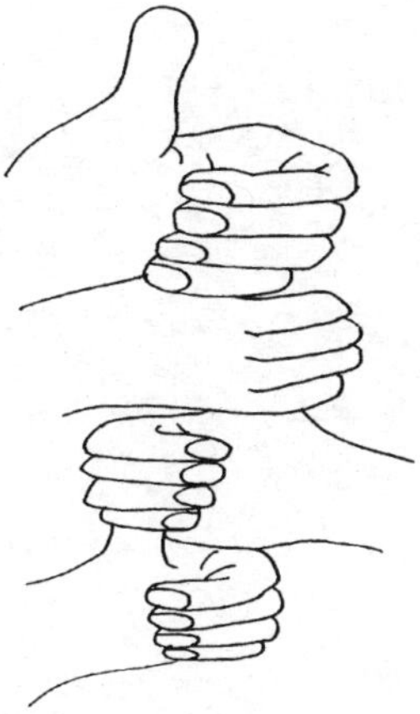

堆馒头　绘图：申利丽

113. 切西瓜

材料准备

无

游戏规则与玩法

几个游戏者手拉手围成一个大圆圈当成一个“大西瓜”。选择一个游戏者做“切西瓜”的人，一边念着儿歌（切，切，切西瓜，我把西瓜切两半），一边绕着圆圈走，并做“切西瓜”的动作，念到最后一个字时，将距离自己身边最近的两名游戏者拉着的手切开，然后站在被切开的位置上。被切开的两位游戏者则必须立即朝不同的方向跑一圈，再回到原位，先到达原位者即做再次游戏的“切瓜人”，游戏继续进行。

游戏的目的和意义

1. 发展游戏者的奔跑能力和快速反应能力；

2. 培养游戏者对游戏的兴趣和勇于拼搏的精神。

适合年龄段

3 岁以上

安全指数：★★★★

运动指数：★★★★

快乐指数：★★★★

收集者：吴次凡

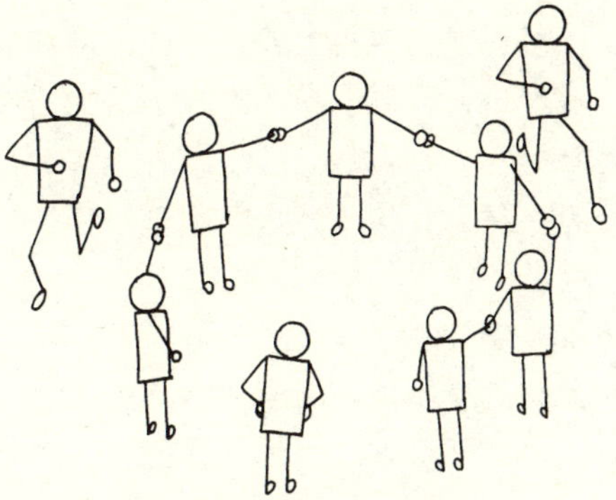

切西瓜　绘图：申利丽

114. 五马棋

材料准备

做棋盘时，先画一个大正方形，平均分成 4 个小正方形后，再把小正方形画成“米”字格，然后在棋盘上端中轴线处画一个“田”字正方形，一个角对着中轴线。棋子可就地取材，石子、木棍等均可，只要双方的棋能区别开就行。

游戏规则与玩法

五马棋有两种下法，一种是 17 颗子，一种是 18 颗子。17 颗子的下法是：1 颗大棋子对 16 颗小棋子。大棋为主将，16 颗小棋为士兵。摆棋时，大棋居于棋盘上端中轴线处的“田”字正方形中，16 颗小棋则分别放在棋盘四周。大棋将小棋吃完或小棋将大棋围困在“田”字正方形中不能动为赢。18 颗棋子的下法是：双方各持9 颗棋子。摆棋时双方在棋盘上各占一边，对应排列。下棋时双方分别向对方阵地推进，以挑或夹的方式消灭对方棋子，将被挑或被夹的棋子捡去，另一方则将自己的棋子补上去，以增力量，直到一方棋子剩下最后一颗时，将其步步围困至“田”字正方形中不能动为胜。

游戏的目的与意义

培养游戏者统筹组织、指挥的能力。

适合年龄段

7 岁以上

安全指数：★★★★★

运动指数：★★

快乐指数：★★★★

收集者：申健强、王文乔

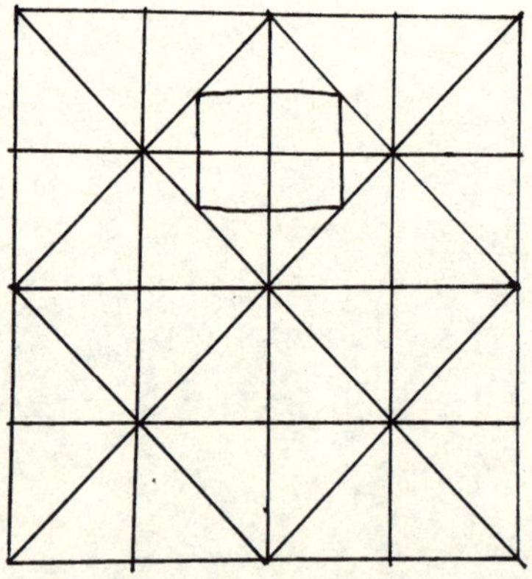

五马棋　绘图：申利丽

115. 打　靶

材料准备

一个空置的能够躲藏的场所。

游戏规则与玩法

将游戏者平均分成两个队，并且把场所也平均分成两部分；两个队选择自己队伍的位置，并让几个游戏者藏在自己队伍的区域内（由游戏双方自己商量，决定藏几个）。游戏开始后，两个队的队员可以分别进入对方的区域，去找藏着的游戏者。如果一个队的游戏者看见另一个队藏着的游戏者，则将拇指、食指、中指伸直，无名指、小指弯曲，并且嘴里叫“打靶”，则对方就被指出，并且站出来等待其他人。最后，哪个队先把对方的人找完，则这个队就赢。

游戏的目的和意义

1. 有利于锻炼游戏者的视力；
2. 有助于游戏者判断推理能力及观察力的发展；
3. 有利于发展游戏者协调、合作能力。

适合年龄段

4 岁以上

安全指数：★★★

运动指数：★★★★

快乐指数：★★★

收集者：吴锟

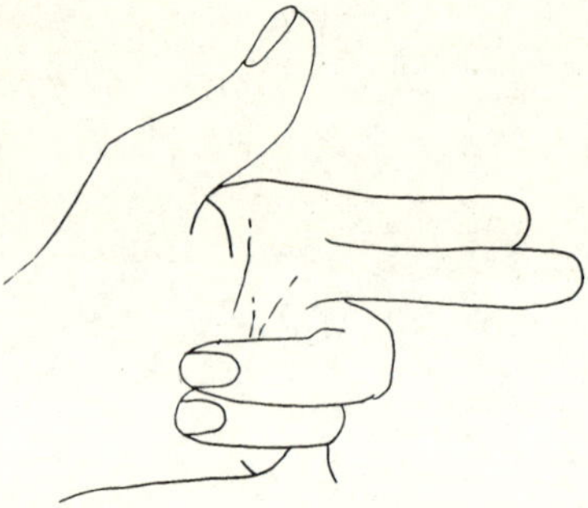

打靶　绘图：申利丽

116. 拉橘子

材料准备

橘子若干个；约15米长的绳子几根。画好起点线和终点线。

游戏规则与玩法

将游戏者按人数比例平均分组。抽签（或石头、剪刀、布）决定每组哪一个人最先开始。每组一个橘子和一根绳子，把橘子放在终点线中央，绳子两端各打一个环，所有组员在起点线后按顺序排开。第一个组员两手穿进绳子两端的环线内，接着用双手将绳子甩向前方的橘子，设法用绳子将橘子勾到自己的手能够得着的地方，然后下一位游戏者重复相同的动作，所有组员最先全部把橘子勾过来为赢家。

游戏的目的与意义

1. 锻炼游戏者用绳的力度；

2. 培养游戏者的耐力和毅力。

适合年龄段

8 岁以上

安全指数：★★

运动指数：★★★★★

快乐指数：★★★★★

收集者：申健强、王文乔

拉橘子　绘图：申利丽

117. 螃蟹抢蛋

材料准备

小石子或毽子数个。

游戏规则与玩法

任选一名游戏者扮演“螃蟹妈妈”，用双手双脚支撑身体趴在地上，保护自己的“蛋宝宝”（小石子或毽子）。选数名游戏者站在旁边，想方设法去抢“蛋宝宝”，“螃蟹妈妈”为了保护“蛋宝宝”，可以用脚轻轻地踢，或用手轻轻地触摸对方。只要“螃蟹妈妈”触摸到对方身体任何一个部位就为胜。输的游戏者与“螃蟹妈妈”交换角色继续游戏。抢“蛋宝宝”时，只能一个游戏者、一个游戏者轮流去抢。

螃蟹抢蛋　绘图：申利丽

游戏的目的和意义

锻炼游戏者的四肢协调能力，培养其应变能力。

适合年龄段

3 岁以上

安全指数：★★★★

运动指数：★★★★

快乐指数：★★★

收集者：袁伟

118. 划龙舟

材料准备

较平坦、开阔的场地，用粉笔画好的两条相隔 10 米的平行直线。

游戏规则与玩法

把游戏者分成 5 个人一组，每组 5 个游戏者都蹲在画好的起点线上，后面的游戏者拉着前面的游戏者的衣服往前一步一步地走，哪一组游戏者最先“划”到终点线就算赢。

游戏的目的和意义

培养游戏者团结合作、互相关爱的精神。

适合年龄段

3 岁以上

安全指数：★★★

运动指数：★★★★

快乐指数：★★★

收集者：袁伟

划龙舟　绘图：申利丽

119. 打元宝

材料准备

用各种纸张（以烟盒纸为多）叠成三角或四方状，一块较平坦、开阔的场地。

游戏规则与玩法

把游戏者分为若干队（根据人数多少决定队数）。对阵几方各准备叠好的“元宝”若干，通过猜拳决定谁先打。输者首先将自家一个“元宝”放在地面上，赢家将自家一个“元宝”用力甩出，去击打对方的“元宝”或周围地面，目的是将对方的“元宝”打得翻身。依次反复，直到最后谁的“元宝”多为胜者。

游戏的目的和意义

训练游戏者的手臂力量，以及手眼的协调能力。

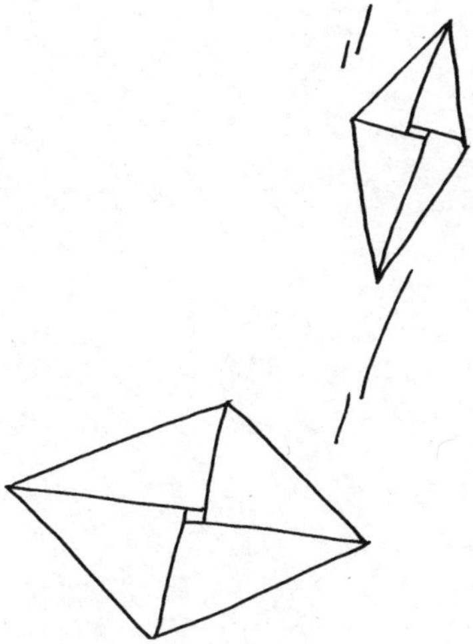

打元宝　绘图：廖王烽

适合年龄段

6 岁以上

安全指数：★★★★

运动指数：★★★★

快乐指数：★★★★

收集者：袁伟

120. 打“台三声”

材料准备

“台三声”（即废弃的木块、木柴、桌腿、凳腿、椽檩均可）若干，台阶。

游戏规则与玩法

游戏者可分为两组。对阵双方各抱“台三声”若干，大小不限，以能抱动为准。在台阶处，通过猜大小或石头剪子布来决定哪一组先打，输者首先将自家一块“台三声”放在台阶下，赢者用自家的“台三声”瞄准其尾部击出，目的是利用冲击原理将对方“台三声”冲至台阶上。双方依次反复开打，直到决出胜负。一般以赢得“台三声”多者为赢家。

游戏的目的和意义

培养游戏者击打能力，以及手臂运力能力。

适合年龄段

8岁以上

安全指数：★★

运动指数：★★★★★

快乐指数：★★★

收集者：袁伟

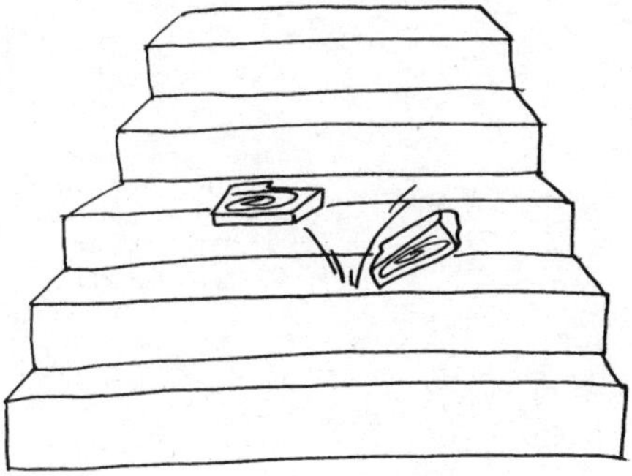

打“台三声”　绘图：申利丽

121. 抢凳子

材料准备

4 个凳子、锣鼓一副。

游戏规则与玩法

把 4 个凳子放在中间，让 5 个游戏者背着凳子站着。另一游戏者开始敲锣鼓，5 个游戏者围着凳子以顺时针或逆时针转，当锣鼓声音停止时，5 个游戏者马上迅速地坐在凳子上，谁没有抢到凳子就会被淘汰。凳子拿出一个，以此将游戏继续进行下去，到最后一位抢到凳子者就为赢家。

游戏的目的和意义

1. 训练游戏者的反应能力；

2. 培养游戏者的竞争意识。

适合年龄段

5 岁以上

安全指数：★★

运动指数：★★★★★

快乐指数：★★★★

收集者：袁媛

抢凳子　绘图：申利丽

122. 成语接龙

材料准备

掌握一定量的成语。

游戏规则与玩法

由一位游戏者开头说出一个成语，然后其余的游戏者按顺序接下去。每位接龙者所接成语的首字必须是前一个游戏者所说成语的最后一字，可用同音字代替。当轮到某个接龙者不能接出来或接错了时，就要受罚表演节目。

游戏的目的和意义

丰富游戏者的词汇量，培养其反应能力。

适合年龄段

7 岁以上

安全指数：★★★★★

运动指数：★

快乐指数：★★★

收集者：袁媛

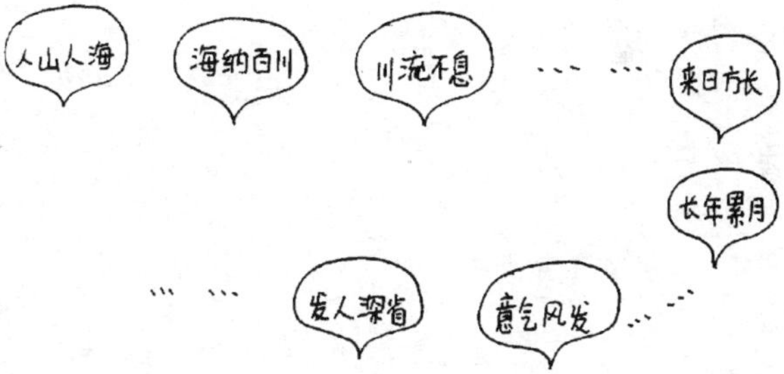

成语接龙　绘图：申利丽

123. 数青蛙

材料准备

无

游戏规则与玩法

2 人以上的游戏者按照儿歌：“一只青蛙一张嘴，两只眼睛四条腿，扑通一声跳下水。两只青蛙两张嘴，四只眼睛八条腿，扑通一声跳下水……”依次地轮流接下去，说错了就要受罚。

游戏的目的和意义

训练游戏者的快速反应能力，培养其思维的灵活性。

适合年龄段

6 岁以上

安全指数：★★★★★

运动指数：★

快乐指数：★★★

收集者：袁媛

数青蛙　绘图：申利丽

124. 袋鼠跳

材料准备

布袋若干个（规格：长约 80 厘米，宽约 60 厘米），相隔 10 米的起点线和终点线。一块比较平坦的场地，一个裁判员。

游戏规则与玩法

把游戏者按人数平均分组，每组再分 2 个小队，一队成员按顺序站在起点线之后，另一队成员站在终点线之后，每组各分一个布袋。每组第一队第一个成员将双脚踏进布袋，将布袋套至腰部，双手拉紧袋口，听裁判员发令后向另一队终点线跳去，中途布袋不得脱落。到达后迅速把布袋交接给自己组另一队的第一个队员，这样轮流进行，最后看哪一组最先全部完成为胜者。

游戏的目的与意义

1. 锻炼游戏者的跳跃能力和平衡能力；
2. 培养游戏者坚强的毅力。

适合年龄段

10岁以上

安全指数：★★

运动指数：★★★★★

快乐指数：★★★★

收集者：申健强、王文乔

袋鼠跳　绘图：申利丽

125. 钉钉子

材料准备

钉子若干颗，泥巴地。

游戏规则与玩法

以2个人为一组，把游戏者分为若干组。每组的2个人在距离

3 米的地方分别用钉子画出一个三角形当做自己的“家”，猜拳决定谁赢谁就先出发，每次行走的距离不能超过 20 厘米。从家门口出发，行走 20 厘米后，用钉子对准自己脚前的泥地，把钉子插到泥地上（钉子不能直接用手栽进去，要在空中利用它的重力插进泥地），如果钉子插稳了，则可以继续走 20 厘米，若钉子没插稳，就不能走了，只能由对方走。最后看谁先到达对方“家”，谁就赢。

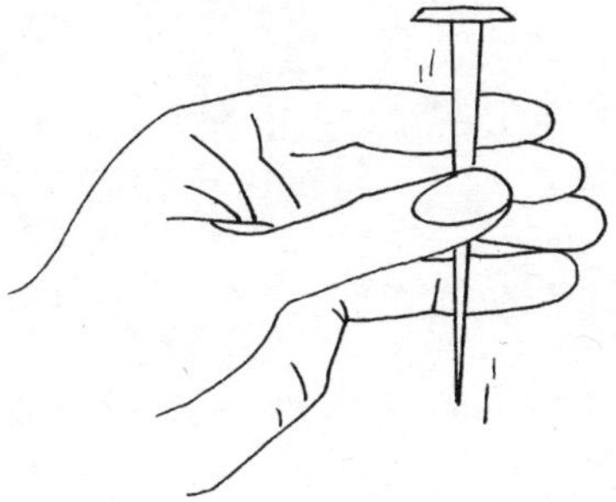

钉钉子　绘图：申利丽

游戏的目的和意义

锻炼游戏者瞄准的能力以及手部的力量。

适合年龄段

7 岁以上

安全指数：★★

运动指数：★★★

快乐指数：★★★★

收集者：曾玲娟

126. 丢钱窝

材料准备

一分、一角的硬币若干（可以用啤酒瓶的盖儿来代替）。开阔的场地。

游戏规则与玩法

每个游戏者身上都有若干个硬币（或啤酒盖）。在地上挖一个约 2 厘米宽的正方形洞，然后距离正方形洞一定的距离画一条起点线，每个人一次拿出相同的硬币（或啤酒盖）来往洞里丢，用石头剪子布来决定丢的顺序。第一个丢的人必须站在起点线上往洞里丢，当硬币（或啤酒盖）被顺利地丢在洞里，那么就属于你自己的，如果硬币（或啤酒盖）丢到了洞外，那么这个硬币（或啤酒盖）就让第二个人拿起往洞里丢。最后看谁的手里硬币（或啤酒盖）多，谁就为赢家。

游戏的目的和意义

培养游戏者的手眼协调能力。

适合年龄段

6 岁以上

安全指数：★★★

运动指数：★★★★

快乐指数：★★★

收集者：张菲

丢钱窝　绘图：申利丽

127. 飞步（跨步）

材料准备

一支粉笔，一块平坦的场地。

游戏规则与玩法

在一块石板地上，用粉笔画一条直线。两个游戏者先猜拳决定胜负。赢家以直线为起点向前大跨一步，输家在线外不借助任何东西去抓跨了一大步的人。如果前者被抓到就成为抓别人的人；如果没抓到，赢的人继续大跨一步，输的人只能大跨一步去抓赢的人。总之，输赢家之间相差一步的距离，游戏以此进行下去，直至抓到为止。

游戏的目的和意义

1. 锻炼游戏者身体的平衡性；

2. 锻炼游戏者手臂和腿部的力量。

适合年龄段

7 岁以上

安全指数：★★★★

运动指数：★★★★

快乐指数：★★★★

收集者：张丽

飞步　绘图：廖王烽

128. 抢垫子（换地方）

材料准备

海绵垫子若干个。

游戏规则与玩法

把海绵垫子摆放成一个圈，每个垫子上站一个人，没有垫子的站在圈中间，听到口令“一、二、三”时，站在垫子上的人必须迅速跑着、跳着换一个位置站好，没有垫子的人趁机可以抢垫子站，此游戏可连续喊口令，不断换地方抢垫子，直到喊“停”为止，最后没有垫子的人都为输家。

游戏的目的和意义

1. 促进游戏者身体敏捷性的发展；
2. 训练身体的平衡性和灵活性；
3. 增强游戏者的竞争意识。

适合年龄段

5 岁以上

安全指数：★★★

运动指数：★★★★

快乐指数：★★★

收集者：张雯

抢垫子　绘图：申利丽

129. 三条腿

材料准备

短绳若干条，用粉笔画两条笔直的起点线和终点线。

游戏规则与玩法

两个人一组，把游戏者分成若干组。用绳子把一组游戏者的一只脚绑在一起，使得两个人只有三条腿，游戏开始。“三条腿”的游戏者同时从起点线向终点线走去，再返回起点线，看哪一组走得最快又没有摔倒者为赢家。也可以多个游戏者的脚绑在一起。

三条腿　绘图：廖王烽

游戏的目的和意义

1. 锻炼身体的敏捷性；

2. 培养游戏者的合作意识。

适合年龄段

5 岁以上

安全指数：★

运动指数：★★★★

快乐指数：★★★★

收集者：张雯

130. 打蛇尾

材料准备

棉花做成的沙包若干个，粉笔若干支。

游戏规则与玩法

画一个大圆圈，几个游戏者围成一圈站在线外，圈内的游戏者排成一队相互扶着腰。游戏开始时，圈外的游戏者向圈内的游戏者扔沙包，当沙包打中圈内的最后一个游戏者（蛇尾）时，该游戏者必须出列，不再参加游戏，这样进行下去直到圈内没有游戏者为止，交换角色继续进行。

注意事项

圈内扶腰的游戏者之间不准脱节。如果脱节了，则必须从脱节处断开，形成另一条“蛇”，游戏才能继续进行。

游戏的目的和意义

1. 锻炼游戏者手部的力量；

2. 提高游戏者手眼协调能力。

适合年龄段

4 岁以上

安全指数：★★★★

运动指数：★★★★

快乐指数：★★★★

收集者：张雯

打蛇尾　绘图：廖王烽

131. 春种秋收

材料准备

任意玩具若干，用粉笔画两条较长的起跑线和终点线。

游戏规则与玩法

游戏者分成两排站在起跑线上，第一个游戏者手拿几个玩具，听到“开始”的口令后，马上往前跑，每跑几步就放一个玩具在地上，到终点线前必须把手中的玩具放完，绕过终点线再往回跑，将自己放的玩具依次捡起来，拿回到起跑线，再把玩具交给下一个游戏者，游戏继续进行，最后以哪一组最先完成全部任务返回到起点线为赢家。

游戏的目的和意义

1. 培养游戏者的反应能力和快速奔跑的能力；

2. 培养游戏者团结合作的能力和竞争的意识。

适合年龄段

4 岁以上

安全指数：★★★

运动指数：★★★★★

快乐指数：★★★★

收集者：张雯

春种秋收　绘图：申利丽

132. 点兵点将（动物模仿秀）

材料准备

小动物头饰若干个。

游戏规则

游戏者站成一个纵排，选择一个游戏者当“老师”，“老师”再任意选一个游戏者，让他随便说出一个小动物的名字，然后他后面的游戏者必须立刻模仿这种小动物的叫声，或者模仿这种小动物的动作，弄错顺序或是模仿错的游戏者为输。

点兵点将　绘图：申利丽

游戏的目的和意义

1. 提高游戏者的认知能力；

2. 锻炼游戏者的模仿能力。

适合年龄段

3 岁以上

安全指数：★★★★★

运动指数：★

快乐指数：★★★★

收集者：张雯

133. 抢种抢收

材料准备

四个空塑料瓶，用粉笔画一条起跑线，距离起跑线 20 米的地方画一个较大的圆圈。

游戏规则与玩法

把游戏者平均分成两组，每组游戏者排成纵队站在起跑线上，每组的第一个游戏者手里拿着两个空瓶子，听到“开始”的口令后，拿着瓶子的游戏者飞快地把两个瓶子放在指定的大圆圈内，再空手跑回来，下一个游戏者再跑到大圆圈处把两个瓶子拿回来，交给相邻的游戏者，这样依次去种去收，最后看哪一组跑得最快，先完成任务者为胜。

游戏的目的和意义

锻炼游戏者的奔跑速度，培养游戏者的反应能力，增强合作意识。

适合年龄段

5 岁以上

安全指数：★★★

运动指数：★★★★★

快乐指数：★★★★

收集者：张雯

抢种抢收　绘图：申利丽

134. 雷公虫（蜈蚣走）

材料准备

宽敞空旷的场地，用粉笔画好两条相距约 20 米的起跑线和终点线。

游戏规则与玩法

把游戏者平均分成几组，每组排成纵队站在起跑线上，后面的人要用手扶着前一个游戏者的肩膀，听到“开始”的口令时，各组就向规定的终点线走去，过程中后一个游戏者的手必须扶着前一个游戏者的肩膀，不准有脱节现象，若有即算输，最先绕过终点回到起点线才算赢。

游戏的目的和意义

锻炼游戏者之间的配合能力，增强其团队意识。

适合年龄段

3 岁以上

安全指数：★★★

运动指数：★★★★

快乐指数：★★★

收集者：张雯

雷公虫　绘图：申利丽

135. 跳竹竿

材料准备

较细的长竹竿两根。

游戏规则与玩法

两个游戏者各手拿一根竹竿分两边蹲下，用竹竿同时一分一合地敲击地面，速度不要很快，另一个游戏者站在竹竿中间，根据竹竿的分合跳进或跳出。

游戏的目的和意义

1. 能配合音乐的节奏做动作；
2. 提高游戏者的合作能力。

适合年龄段

6 岁以上

安全指数：★

运动指数：★★★★

快乐指数：★★★

收集者：周丽

跳竹竿　绘图：申利丽

136. 捶　丸

材料准备

用上好的木材制作一根呈 L 状的球杖，用赘木制作的球几个，一块开阔的场地，并在场地的四周挖 6 ~ 10 个球洞，称为“窝”，在“窝”的旁边还要插上小旗子。

游戏规则与玩法

游戏开始时，游戏者轮流用有曲头的木杖击打小球，将球击入“窝”，最后以击球入“窝”数多少来决定胜负。

游戏的目的与意义

1. 锻炼游戏者用力的技巧；

2. 培养游戏者判断、估计、推测的能力。

适合年龄段

12 岁以上

安全指数：★★★★★

运动指数：★★

快乐指数：★★★★★

收集者：申健强、王文乔

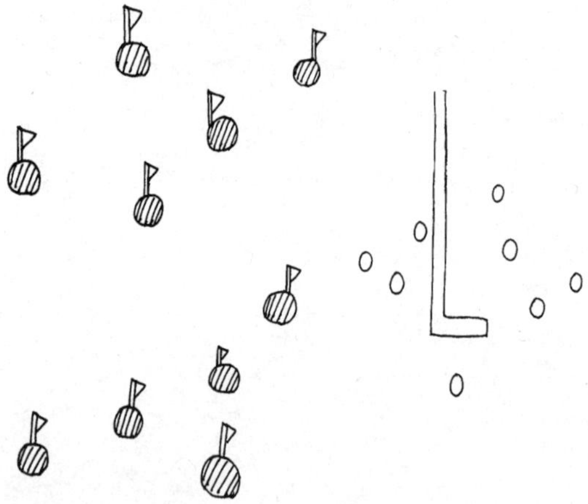

捶丸　绘图：申利丽

137. 开　锁

材料准备

无

游戏规则与玩法

首先在游戏者中间选择一位“开锁人”。游戏开始，游戏者围成一个圆圈，两两游戏者手指相交叉，齐念儿歌：“金锁锁，银锁锁，一把钥匙开一把锁，‘咔嚓’，‘咔嚓’，哪一把？哪一把？请你自己来开锁。”“开锁人”按儿歌节奏依次拍每个游戏者的手。当儿歌结束时，“开锁人”碰到哪两名游戏者的手，这两名游戏者就迅速分开手，沿圆圈向相反方向快跑，谁后跑回原位，谁就与“开锁人”互换角色，游戏重新开始。如果同时到，不换角色，再来一次。

游戏的目的和意义

1. 增强游戏者对音乐的节奏感；

2. 锻炼游戏者快速奔跑的能力。

适合年龄段

3 岁以上

安全指数：★★★★

运动指数：★★★★

快乐指数：★★★★

收集者：周丽

开锁　绘图：申利丽

138. 响　纸

材料准备

废旧的较硬的长方形纸一张。

游戏规则与玩法

先把纸张对折，再对折一次，然后拿着最里面的两层和最外面的两层往外轻轻一拉，手拿最外面的两层纸，使劲往下用力一甩，折好的纸就发出“啪”的响声。

游戏的目的和意义

1. 培养游戏者对声音的兴趣；

2. 发展游戏者手腕的力量。

适合年龄段

4 岁以上

安全指数：★★★★★

运动指数：★★

快乐指数：★★★★

收集者：周丽

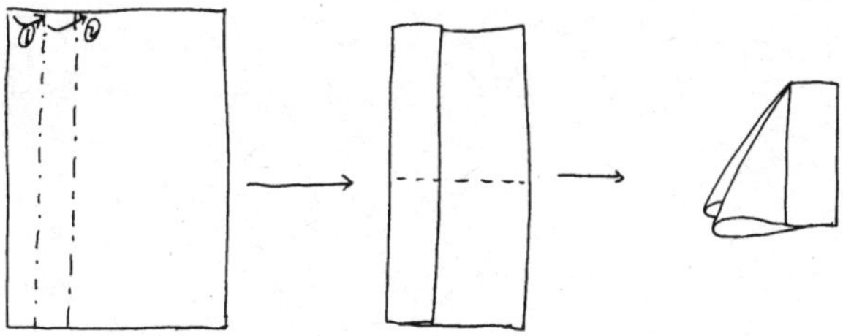

响纸　绘图：廖王烽

139. 打　尜

材料准备

10～15 厘米长的木棍两端削尖（尜），1 尺余长的木板若干根，粉笔若干支。

游戏规则与玩法

将游戏者平均分成两组。用粉笔画一个方框为“城”，各组选一人站在“城”内，轻捏“尜”的一端，把“尜”放在“城”里，用木板将“尜”用力打出，“尜”落的远者那组先正式开打，另一组为接方。游戏时，把“尜”放至“城”口，然后两组人轮换打“尜”。其具体打法是：用木板敲击“尜”的一端，使“尜”蹦起，游戏者迅速挥动木板将“尜”用力击出。一人打空再换一人接着打，最后一人打空时，另一组人则急忙拣起“尜”往回扔。打“尜”方则一边快速向回跑，一边可伺机用木板阻击抛掷在空中的“尜”。跑回“城”边，挥动手中木板，不让对方将“尜”扔进“城”内，若扔进“城”内，则两组交换。若扔不进“城”内，打方可继续向前打第二轮。直到接方再也无法将“尜”扔进“城”内，接方就认输。

打尜　绘图：申利丽

游戏的目的与意义

锻炼游戏者快速反应的能力以及团队意识。

适合年龄段

8 岁以上

安全指数：★★★

运动指数：★★★★

快乐指数：★★★★★

收集者：唐晋鱼

140. 顶气球

材料准备

大气球若干个，一根悬挂着的长绳子（高度略超过最高的游戏者）。

游戏规则与玩法

游戏者可平均分成若干组，每组排成一支纵队，每个游戏者之间相隔 1 ~ 2 米。每队的第一个游戏者同时用头顶着气球往前走，把气球交给第二个游戏者，以次类推，离绳子最近的游戏者用力把气球顶过线，最先完成者为赢家。过程中气球落地者为输。

游戏的目的与意义

1. 锻炼游戏者的灵活性；

2. 培养游戏者之间的团队意识。

适合年龄段

5 岁以上

安全指数：★★★★

运动指数：★★★★

快乐指数：★★★★

收集者：唐晋鱼

顶气球　绘图：廖王烽

141. 蹲蹲乐

材料准备

无

游戏规则与玩法

把游戏者平均分成若干组，每组 6 个人为宜。每组成员站成一个大圆圈，然后把每个游戏者按某一种菜起个新的名字（例如分别叫茄子、西红柿、大白菜、青椒、胡萝卜、黄瓜）。接着由一个人开始，比如由“胡萝卜”开始，一边做蹲下起立的动作，一边念儿歌“胡萝卜蹲胡萝卜蹲，胡萝卜蹲完青椒蹲”，这时候叫“青椒”的游戏者就赶紧也做相同的动作，然后再叫出下一个要蹲的游戏者是谁，点到名字的游戏者如果在5秒钟内接不上，就要被淘汰，如此类推，最后剩下的就是获胜者。

游戏的目的与意义

锻炼游戏者快速反应能力和记忆能力。

适合年龄段

6岁以上

安全指数：★★★★★

运动指数：★★

快乐指数：★★★

收集者：唐晋鱼

蹲蹲乐　绘图：申利丽

142. 衔纸杯传水

材料准备

纸杯 14 个，水杯两个，小水缸两个。

衔纸杯传水　绘图：申利丽

游戏规则与玩法

共选 16 名游戏者，8 名一组，男女交替配合，分两组同时进行比赛，另有 2 名监督者。两个组的成员除第一个外，其余都用嘴衔着一个纸杯。第一个游戏者用装满水的水杯倒水至衔着的纸杯内，倒完后第二个游戏者再把自己嘴里衔着的纸杯的水倒入紧挨着的纸杯内，这样一个个传递至下一个人的纸杯内，最后一个游戏者将纸杯内的水倒入一个小缸内，最后在限定的 5 分钟内，看哪组水缸内的水最多，而又没洒出，哪组就获胜。

游戏的目的与意义

增进游戏者之间的配合、协作能力。

适合年龄段

6 岁以上

安全指数：★★★★

运动指数：★★

快乐指数：★★★★

收集者：唐晋鱼

143. 独立钻石

材料准备

一个圆形的木制棋盘（3 行平行的小孔，与另外 3 行平行的小孔相交形成一个“十”字形，每行的孔数为 7 个，共有 33 个小孔。如图所示），用木头粒子刮成圆圆的棋子（或玻璃弹子）。

游戏的规则与玩法

先在棋盘上除中心那一格外统统摆满 1 个棋子，然后游戏双方开始走棋。在棋盘上，像跳棋一样，1 个棋子依直线在平行或垂直方向跳过 1 个棋子（不能依斜线跳），但不能一步一步地走，棋子只能跳过相邻的棋子到空位上，并且可以把跳过的棋子吃掉。这样盘上的棋子会越来越少，如果到了无棋可跳而棋子剩下超过 5 个以上时，这局就算输了，需要重新开始；如果最后只剩下 1 个棋子，并且正好位于棋盘正中心的洞孔上，那是最好的结果——“天才”，只剩下1个棋子，但没有在正中心的位置，则为“大师”，剩下2个棋子为“尖子”，剩下3个棋子的为“聪明”，剩下4个棋子的为“很好”，剩下5个棋子的为“颇好”。

游戏的目的与意义

锻炼游戏者的推理、记忆能力。

适应年龄段

6岁以上

安全指数：★★★★★

运动指数：★

快乐指数：★★★★★

收集者：王文乔

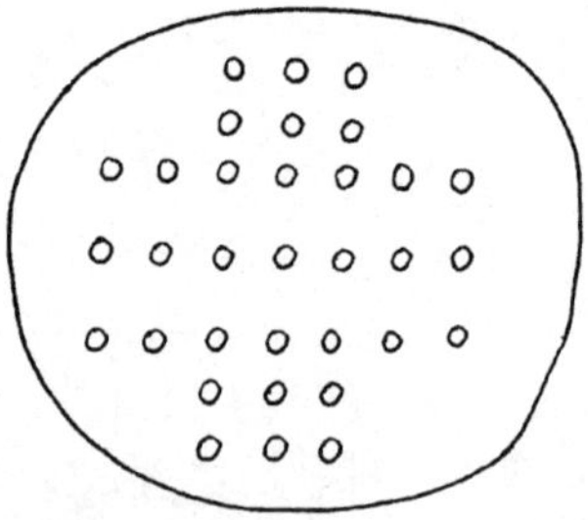

独立钻石　绘图：申利丽

144. 摇头摆尾

材料准备

一个较宽阔的场地。

游戏的规则与玩法

从游戏者中选出一个游戏者作为“指挥官”，其余的游戏者平均分为 A、B 两队，A 队听口令做动作，B 队监督着做动作的人是否正确，并记住错误的次数。游戏开始时，指挥官大声地、快速地说出口令，A 队的所有成员一边嘴里重复指挥官的话语，一边做相反的动作。例如当指挥官说出“是”时，A 队的成员一边嘴里也说“是”，一边摇着自己的头，当指挥官大声说“不是”时，A 队的成员一边嘴里说出“不是”，一边点着自己的头，B 队的成员就一次一次地监督，最后看谁出错的次数最多，谁就是输家。全部的口令是：是（摇头）——不是（点头）；手（拍拍自己的手）——脚（摸摸自己的脚）；耳朵（摸摸耳朵）——眼睛（摸摸眼睛）；鼻子（摸摸鼻子）——嘴巴（摸摸嘴巴）；肚脐——屁股（摸摸屁股）。

摇头摆尾　绘图：申利丽

游戏的目的与意义

锻炼游戏者的反应能力。

适应年龄段

4 岁以上

安全指数：★★★★★

运动指数：★★

快乐指数：★★★★★

收集者：王文乔

145. 两人配对

材料准备

较宽阔的场地。

游戏的规则与玩法

先从游戏者中选出一人当“指挥官”，选出 4 ~ 5 人当“检查员”，其余的游戏者两两一队，面对面站好，其中一个作为“男”，一个作为“女”。当指挥官说出一个成语时，两个一组的游戏者就要马上做出相应的动作（男女面对面站立——一见钟情；男女背对背站立——翻脸无情；男面对女背站立——自作多情；女面对男背站立——真心痴情），旁边的检查员要随时监督，如果谁做错了，就记下出错一次。最后看谁出错的次数多者为输家。

游戏的目的与意义

锻炼游戏者的快速反应能力，体会游戏带来的乐趣。

适应年龄段

5 岁以上

安全指数：★★★★★

运动指数：★

快乐指数：★★★★★

收集者：王文乔

两人配对　绘图：申利丽

146. 飞去来

材料准备

较硬的纸板，一块宽阔的场地。

制作方法

用厚纸板剪出所要的飞去来样式（可以有 V 型、香蕉型、三叶型、钟型等），把剪出来的样式放在夹板上，用铅笔描出轮廓，然后用线锯或小锯子锯除空白的部分。要前缘钝，后缘锋利，顶面斜接平坦的底部。因飞去来两臂的提升作用与机翼相同，故两臂截面的形状必须有传统机翼的形状。用老虎钳夹住夹板的空白处，以弯形锉刀锉出其边缘与顶部，再用一张裹住软木的粗砂纸磨平锉刀的凹痕，并磨出飞去来的外观。在用较细的砂纸加工以前，应该先试飞一下，以便用锉刀或粗砂纸再修整一番。

游戏的规则与玩法

游戏者站在宽阔的场地上，手拿飞去来器的前端，当口令“开始”发出后，同时把手里的飞去来器掷出，看谁的飞去来器飞得远又快速飞回来。

游戏的目的与意义

锻炼游戏者的手腕运力。

适应年龄段

7 岁以上

安全指数：★★

运动指数：★★★★

快乐指数：★★★★

收集者：王文乔、温凯、唐晋鱼

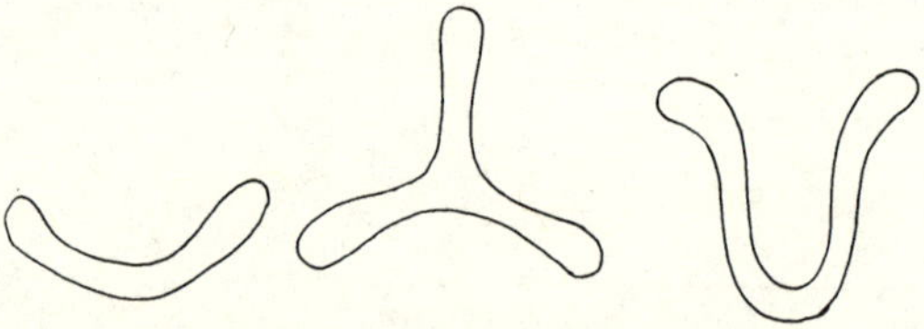

飞去来　绘图：申利丽

147. 玩偶大战

材料准备

长约 25 厘米铅笔粗细的竹筒（中空），长约 50 厘米，结实的细线 2 根，钢锯，牙签 2 个，纽扣 2 个。

制作方法

先把竹筒截成一个个长约 2 厘米的小竹段，把其中一个带有结节的小竹段作为玩偶的头部，在玩偶头部下端的左右两侧各打一个小孔，把两根细线的一段分别绑在两支牙签（剑）的下端，打成死结，另一端分别串过两个竹段形成玩偶的两只胳膊，并通过小孔交汇后向下，再串两个较长的竹段形成玩偶的身体后，分成左右各串两个竹段形成玩偶的两条腿，最后细线穿过两个纽扣的孔，并余下一段约 20 厘米的线。

游戏的规则与玩法

把余下的细线穿过桌面的缝隙，游戏者在桌子下面拉动玩偶脚下面的两根细线，随着用力的大小、方向，玩偶就在桌面上做相应的“踢腿、伸腰”等动作。如果两个玩偶在一起，就可以进行玩偶大战或“华山论剑”了。

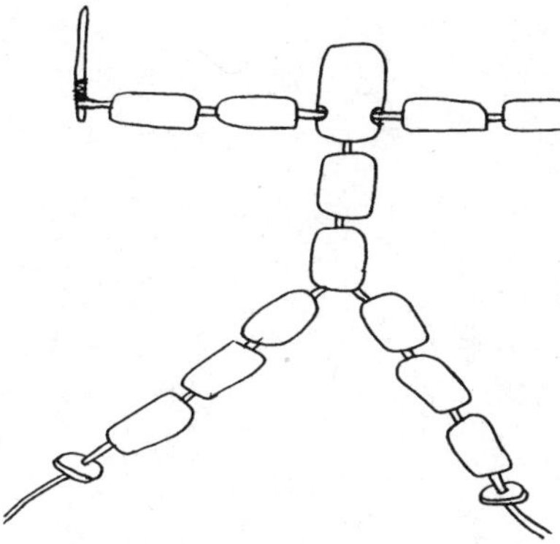

玩偶大战　绘图：申利丽

适合年龄段

4 岁以上

安全指数：★★★★★
运动指数：★★
快乐指数：★★★
收集者：王文乔、温凯、唐晋鱼

148. 吹气球

材料准备

气球若干个，秒表 1 个。两条直线，一条为起点，另一条为终点。

游戏规则与玩法

先通过各种方法选择与组数相等的游戏者当监督员，1 名游戏者当计时员，1 名游戏者当统计员。然后把游戏者平均分成若干组，把气球事先吹好后放在起点附近。当计时员喊："开始!"后，每一组中第一个游戏者迅速拿起一个气球抛向空中，然后鼓足劲，开始用嘴边吹边朝终点线走，吹过终点线后，该组的另一个游戏者再拿气球吹，依次如此。在规定的 5 分钟内，哪一组吹过终点线的气球最多，哪一组获胜。

注意事项

1. 气球不能中途落地，一旦落地需要重新开始；

2. 一个成员将气球吹到终点线后，另一个游戏者才可开始；

3. 吹气球时不能用身体的其他部位接触气球，只能用嘴吹出的气吹，否则需重新开始；

4. 气球需要吹到终点线的位置，超过 5 分钟后吹的气球不算。

游戏的目的与意义

1. 锻炼游戏者的肺活量，增强体质；
2. 学会团队合作，感受游戏的快乐。

适合年龄段

6 岁以上

安全指数：★★★★

运动指数：★★★

快乐指数：★★★★

收集者：夏宇、田迷

吹气球　绘图：申利丽

149. 运气球

材料准备

气球若干个，秒表一个。两条直线，一条为起点，另一条为终点。

运气球　绘图：申利丽

游戏规则与玩法

先通过各种方法选择与组数相等的游戏者当监督员，1 名游戏者当计时员，1 名游戏者当统计员。然后把游戏者按 3 个人一组分为若干组。每组由两个人的双手交叉，相互握住搭在一起，另一人坐在搭好的手上，双手捧着气球举过头顶，从起点线出发，跑向终点线后，再回到起点线重新运球。在3分钟时间内，看哪一组运的球最多哪一组获胜。中途气球落地或坐着的人落地都需要重来。

游戏的目的与意义

锻炼游戏者的平衡能力，培养游戏者之间的合作意识。

适合年龄段

7岁以上

安全指数：★★★

运动指数：★★★

快乐指数：★★★★

收集者：刘奎、郭浩

150. 传瓶子

材料准备

一个空矿泉水瓶，开阔的场地。

游戏规则与玩法

游戏者可以分散站或蹲或坐。最前面的游戏者不用手，用各种方法（例如可用下巴夹着瓶子）把空矿泉水瓶传递给距离自己最近的游戏者，下一个游戏者再采用不同的方法把空矿泉水瓶传给另一个距离自己最近的游戏者。瓶子在传递过程中不能落地，后面游戏者采用的传递方法不能与前面的相同，否则都算输家。

游戏的目的与意义

锻炼游戏者解决问题的能力。

适合年龄段

5 岁以上

安全指数：★★★★★

运动指数：★★

快乐指数：★★★★

收集者：陈月红、孙燕飞、王文乔

传瓶子　绘图：申利丽

151. 小马过河

材料准备

矿泉水瓶 6 个，不透明的黑纱布若干个，起点线、终点线画好。

游戏规则与玩法

把矿泉水瓶按相等的距离从起点到终点排成一条直线。把游戏者平均分成若干组，每组选择一名游戏者作为指路人，剩下的游戏者排成一队。每组的第一名先用黑纱布蒙上眼睛，转三圈，然后在指路人的指导下走过排好的障碍物（矿泉水瓶），到达终点线后，指路人重新回到起点线指导下一个游戏者过障碍物，依次继续下去，最先全部顺利过完障碍物的那一组获胜。指路人只能动嘴，过路人不能碰倒障碍物，否则需重新开始。

游戏的目的与意义

锻炼平衡能力和合作能力。

适合年龄段

3 岁以上

安全指数：★★★★★

运动指数：★

快乐指数：★★★★★

收集者：

小马过河　绘图：申利丽

152. 死亡电网

材料准备

半人高的结实支架一副，足够长的毛线。

游戏规则与玩法

先用毛线把支架分成若干个能勉强钻过去的洞（电网）。把游戏者平均分为5人一组。游戏开始时，第一组的游戏者站在“电网”的一面，商量采用何种方法尽可能多地把这面的一个个游戏者通过“钻洞”输送到另外一面，已通过者可以采用拉、拖、抱、推等方法帮忙，最后在规定的时间内通过最多者为胜者。中途通过者身体不能接触毛线，否则算“触电死亡”。

游戏的目的与意义

开动脑筋，培养游戏者之间的合作能力以及解决问题的能力。

适合年龄段

7岁以上

安全指数：★★★

运动指数：★★★

快乐指数：★★★★

收集者：罗婷、王晓琴、王文乔

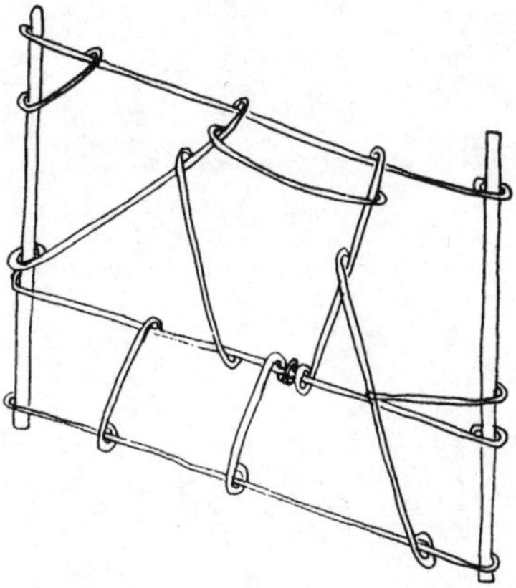

死亡电网　绘图：申利丽

153. 越吃越多

材料准备

开阔的场地

游戏规则与玩法

所有游戏者围成一个圆圈，顺时针开始。由第一个游戏者先说："我昨天吃了一个苹果（一种任何食物）。"紧挨着的游戏者首先重复第一个游戏者说话的内容后，加上自己要吃的食物（数量是2，且与前面吃的食物不同），例如"我昨天吃了一个苹果，两个橘子"。第三个游戏者重复说完前一个人说的内容后，继续加上自己要吃的食物，例如"我昨天吃了一个苹果，两个橘子，三个包子"，以次类推，直到第五个游戏者说完后，从第六个人开始，游戏重新进行。说错者接受惩罚。

游戏的目的与意义

锻炼游戏者的记忆能力和应变能力。

适合年龄段

4 岁以上

安全指数：★★★★★

运动指数：★

快乐指数：★★★★

收集者：王莉、闵艳、王文乔

越吃越多　绘图：申利丽

154. 大风吹

材料准备

开阔的场地

游戏规则与玩法

从游戏者中选出一个人当主持人，其他游戏者围坐成一个圆圈，主持人站在中间。当主持人说："大风吹"，大家问："吹什么?"，主持人可说具有某一种特征的人，例如说"穿红色衣服的人"（或者戴手表的人，染指甲的人，穿红鞋的人，等等），那么穿红色衣服的游戏者均要离开自己的位置，找另外一个空位置坐下，主持人也需要找一个空位置坐下，其他未穿红色衣服的游戏者坐在原位置不动，未找到空位置的人接受惩罚并成为下一轮游戏的主持人。

游戏的目的与意义

锻炼游戏者思维的敏捷度以及行为的灵活度。

适合年龄段

4 岁以上

安全指数：★★★★

运动指数：★★

快乐指数：★★★★

收集者：曹碧、龚云敏、代慧、王文乔

大风吹　绘图：申利丽

155. 背篓会

材料准备

用竹篾编织成各种花纹图案的背篓若干，背篓高约 50 厘米，口径约 25 厘米。一块开阔的场地。槟榔若干。

游戏规则与玩法

将游戏者男女分开，按两人一队平均分成若干队。游戏开始时，在相同的时间内，女队员背着篓子在前面跑，男队员随后紧跟，相距四五米时，男队员用槟榔朝女队员背的背篓里投掷，然后换角色进行投掷，最后投中多者为胜。

游戏的目的与意义

1. 锻炼游戏者的投掷准确性；
2. 培养游戏者灵巧的躲闪能力。

适合年龄段

10 岁以上

安全指数：★★

运动指数：★★★★★

快乐指数：★★★★★

收集者：申健强、王文乔

背篓会　绘图：申利丽

参考文献

1. ［美］凯瑟琳·贾维（Catherine Garvey）著．王蓓华译．游戏．成都：四川教育出版社，2006

2. 北京大学哲学系美学教研室编．西方美学家论美和美感．北京：商务印书馆，1980

3. 刘焱．游戏者游戏通论．北京：北京师范大学出版社，2008

4. 邱学青．学前游戏者游戏．南京：江苏教育出版社，2008

5. ［荷兰］胡伊青加．人：游戏者．贵阳：贵州人民出版社，1998

6. 徐文仲．仡佬族打“篾鸡蛋”传统体育．贵州民族研究，1982（1）

7. 段来峰、滕志芳．我们儿时玩的游戏．海口：南海出版公司，2011

8. 张立辉．和古人玩游戏．北京：中国戏剧出版社，2010

9. 翟理红．学前游戏者游戏教程．上海：复旦大学出版社，2010

10. 梁周全、尚玉芳．游戏者游戏与指导．北京：北京师范大学出版集团，2011

11. 林菁．游戏者园创造性游戏指导与实施．福州：福建人民出版社，2011

12. ［英］彭尼·塔索尼、卡林·哈克著．朱运致译．游戏者

早期游戏规划．南京：南京师范大学出版社，2009

13. 范惠静．新编游戏者室内体育游戏．北京：金盾出版社，2006

14. ［美］沙拉·威廉姆森．美国50个亲子游戏．北京：科学技术出版社，2011

15. 董旭花．游戏者园游戏．北京：科学出版社，2009

16. 柳阳辉、张兰英．学前游戏者游戏．郑州：郑州大学出版社，2009

17. ［美］乔·L. 弗罗斯特、苏·C. 奥瑟姆、斯图尔特·赖费尔．游戏和游戏者发展．南京：江苏教育出版社，2011

18. 郑名．学前游戏论．兰州：甘肃人民出版社，2006

19. 芦长萍．智力游戏．北京：海潮出版社，2009

20. 徐光兴．游戏者游戏疗法心理案例集．上海：上海教育出版社，2007

21. 务川仡佬族苗族自治县民族事务局编．务川仡佬族．贵阳：贵州民族出版社，2006

22. 王明析．务川历史古籍文献资料辑录．遵义：遵义康达彩色印务有限公司，2010

23. 向朝斌．务川仡佬族高台戏．中国仡佬族，2008年（下）总第二期

24. ［苏］查包洛塞兹、马尔科娃编，李子卓等译．学前教育学原理．北京：人民教育出版社，1984